ユーキャンの サービス接遇検定

3級 2級 準1級

合格テキスト & 問題集

本書の使い方

● 3級・2級の対策について

　本書は、1日1レッスンの学習を進めていくことで、27日で3級・2級の学習が完成するよう設計されています。

一緒に頑張りましょう！

P.16の合格カレンダーも活用して合格を目指しましょう。

先生　　　　　せつこ　　つなぐ

STEP 1

レッスンの学習内容を確認

冒頭のイラストのコーナーでレッスンの学習内容をイメージして、自分ならどうするか考えてみましょう。

STEP 2

本文を学習しよう

まず、ざっと読んで全体の流れを理解し、そのあと細かく覚えていくのが学習のコツです。

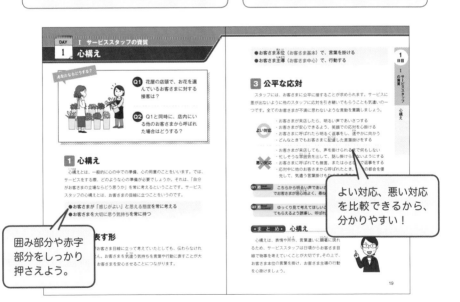

囲み部分や赤字部分をしっかり押さえよう。

よい対応、悪い対応を比較できるから、分かりやすい！

●準1級の対策について

準1級は口頭表現での面接試験です。面接の流れとポイントを図で示していますのでしっかりと読み込んで試験に臨みましょう。

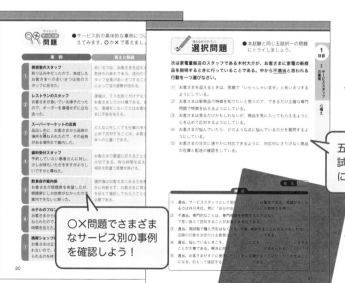

STEP 3

問題演習をしよう

レッスン末の〇×問題と五肢択一問題にチャレンジして、学んだ知識を確実にしましょう。

STEP 4

予想模擬試験に挑戦

本試験と同じ条件で挑戦して、本番をシミュレーションしましょう。

予想模擬試験は便利な別冊タイプ

五肢択一問題で本試験での出題形式に慣れよう！

〇×問題でさまざまなサービス別の事例を確認しよう！

学習に役立つ赤シートつき

目 次

第 I 章　サービススタッフの資質　　　17

第 II 章　専門知識　　　55

サービス接遇検定の概要

■ サービス接遇検定とは

　「サービス接遇検定」は、接客での応対力や接遇力、サービスの知識や技術を認定する検定試験です。3級・2級・準1級・1級の級位があり、本書では、3級〜準1級を扱います。サービス接遇検定は、相手に対する姿勢や行動を学ぶことができる、就職面接から就業後に至るまで役立つ検定試験です。

> ＜CBT試験について＞
>
> 　2級と3級については、コンピュータを使用するCBT試験も行われています。資格のレベルや認定については、従来の検定試験と同様です。詳細は実務技能検定協会のサイトでご確認ください。

1．受験資格
　年齢、性別、学歴、実務経験を問わず、誰でも受験できます。

2．試験の範囲 （▶詳細はP.8・P.9）
　Ⅰ　サービススタッフの資質　　　　Ⅱ　専門知識
　Ⅲ　一般知識　　　Ⅳ　対人技能　　　Ⅴ　実務技能

3．試験の方法 （▶詳細はP.10）
　3級、2級はマークシート方式の選択問題と記述問題の合計24問です。Ⅰ〜Ⅲは「理論」の選択問題、Ⅳ〜Ⅴは「実技」の選択問題と記述問題が出題されます。
　準1級は2級合格者を対象に口頭表現の面接試験のみが行われます。

4．試験時間
　3級は90分、2級は100分です。

5．試験実施時期
　年2回、6月と11月に実施されます。

6．合否
　試験の約1カ月後に、受験者に通知されます。

> 準1級の試験実施時期は3級、2級と異なるので試験実施団体のHP等（P.14）で確認してください。

■サービス接遇実務審査基準

〈3級〉 サービス接遇実務について初歩的な理解を持ち、基本的なサービスを行うのに必要な知識、技能を持っている。

領　域		内　容
I サービススタッフの資質	(1)必要とされる要件	①明るさと誠実さを、備えている。 ②適切な判断と表現を、心得ている。 ③身だしなみを心得ている。
	(2)従業要件	①良識を持ち、素直な態度がとれる。 ②適切な行動と協調性が期待できる。 ③清潔感について、理解できる。 ④忍耐力のある行動が期待できる。
II 専門知識	(1)サービス知識	①サービスの意義を、一応、理解できる。 ②サービスの機能を、一応、理解できる。 ③サービスの種類を知っている。
	(2)従業知識	①商業用語、経済用語が理解できる。
III 一般知識	(1)社会常識	①社会常識が理解できる。 ②時事問題を、一応、理解している。
IV 対人技能	(1)人間関係	①一般的に、人間関係が理解できる。
	(2)接遇知識	①対人心理が理解できる。 ②一般的なマナーを心得ている。 ③接遇者としてのマナーを心得ている。
	(3)話し方	①接遇用語を知っている。 ②接遇者としての基本的な話し方が理解できる。 ③提示、説明の仕方が理解できる。
	(4)服装	①接遇者としての適切な服装が理解できる。
V 実務技能	(1)問題処理	①問題処理について、理解できる。
	(2)環境整備	①環境整備について、理解できる。
	(3)金品管理	①金品の管理について、理解できる。
	(4)社交業務	①社交儀礼の業務について、理解できる。

〈2級〉 サービス接遇実務について理解を持ち、一般的なサービスを行うのに必要な知識、技能を持っている。

領　域		内　容
Ⅰ サービススタッフの資質	(1)必要とされる要件	①明るさと誠実さを、備えている。 ②適切な判断と表現ができる。 ③身だしなみを心得ている。
	(2)従業要件	①良識を持ち、素直な態度がとれる。 ②適切な行動と協調性のある行動を、とることができる。 ③清潔感について、理解できる。 ④忍耐力のある行動を、とることができる。
Ⅱ 専門知識	(1)サービス知識	①サービスの意義を理解できる。 ②サービスの機能を理解できる。 ③サービスの種類を理解できる。
	(2)従業知識	①商業活動、経済活動が理解できる。 ②商業用語、経済用語が理解できる。
Ⅲ 一般知識	(1)社会常識	①社会常識がある。 ②時事問題を理解している。
Ⅳ 対人技能	(1)人間関係	①人間関係の対処について、理解がある。
	(2)接遇知識	①顧客心理を理解し、能力を発揮することができる。 ②一般的なマナーを発揮できる。 ③接遇者としてのマナーを、発揮することができる。
	(3)話し方	①接遇用語を知っている。 ②接遇者としての話し方ができる。 ③提示、説明ができる。
	(4)服装	①接遇者としての適切な服装ができる。
Ⅴ 実務技能	(1)問題処理	①問題処理について、対処できる。
	(2)環境整備	①環境整備について、対処できる。
	(3)金品管理	①金品の管理について、能力を発揮できる。
	(4)金品搬送	①送金、運搬について、理解できる。
	(5)社交業務	①社交儀礼の業務について理解し、処理できる能力がある。

〈準1級〉 2級試験合格者を対象に、サービス接遇担当者としての口頭表現について面接による簡単な審査を行う。

9

■筆記試験の出題数と合格の基準

A 選択問題

3級		2級	
I サービススタッフの 　資質	5問	I サービススタッフの 　資質	5問
II 専門知識	4問	II 専門知識	4問
III 一般知識	2問	III 一般知識	2問
IV 対人技能	5問	IV 対人技能	5問
V 実務技能	5問	V 実務技能	4問

「理論」正解 60%以上

「実技」正解 60%以上

B 記述問題

IV 対人技能	2問	IV 対人技能	2問
V 実務技能	1問	V 実務技能	2問
合計	24問	合計	24問

＊出題数は変更になる可能性があります。

> 「理論」と「実技」の分野でバランスよく正解することが大切です。

A 選択問題

　選択肢5肢の中から、「適当」または「不適当」なものを一つ選ぶ形式です。「適当」と「不適当」の読み間違いに気を付けましょう。

　選択肢の中で迷ったときは、問題の主旨から目的を考えると選びやすくなります。試験問題は、「お客さまの立場に立ってのサービス」視点で作成されています。

B 記述問題

　3級では正しい言葉遣い、2級では適切な言葉遣いと掲示文が出題されます。一般知識を土台にした応用実践問題です。

　限られた時間の中でも、丁寧な字で全体的にバランスよく記述します。

　掲示文は、「読みやすく、分かりやすく」が肝心です。

各領域のポイントと学習方法

　本書の第Ⅰ章〜第Ⅴ章は、2級、3級の両方の受験に対応できるように構成しています。2級と3級では、理論そのものは同じです。3級はサービス接遇についての初歩的な理解ができているかが、2級はそれより少し踏み込んだ応対の方法が問われます。基本的な「理論」が理解できれば、「実技」の方法も考えられるようになります。以下で各章のポイントを押さえましょう。

第Ⅰ章　サービススタッフの資質

　サービススタッフとしての心構え、行動、身だしなみなどについて学びます。正しい心構えの持ち方を理解し、適切な行動に移せるまでが基本行動です。その上で、印象のよい人、好感度の高い人になるためのあいさつや所作が具体的に表記されています。

　本文の赤字部分を覚えるのではなく、物事の本質を理解することが必要です。サービススタッフとしての原理原則を学びましょう。

第Ⅱ章　専門知識

　サービスについて深い理解につながるように「サービスとは何か」を細分化しています。サービスの意味や意義を始め、なぜサービスが必要なのか、サービスがもたらすもの、どのようなサービスがあるのかなどを詳細に学びます。

　また、サービスの現場でよく使用される専門用語（商業用語・経済用語）を取り上げていますので、分からない言葉がないように学習しましょう。

第III章　一般知識

　サービススタッフは、スタッフである前に一人の社会人です。社会人としての一般常識は欠かせません。ことわざや慣用句はもちろんのこと、物の名称や数え方など、いまさら聞けない常識をまとめています。慶事や弔事も一目で分かるようにしていますので、この機会にしっかりマスターしてください。

第IV章　対人技能

　第III章までは「理論」の領域でしたが、第IV章からは「実技」の領域です。良好な人間関係を作るためのコミュニケーションの取り方やマナーなどを学びます。第I章のサービススタッフの資質とつながる部分も多く、理論を踏まえて実技問題に挑戦します。

　また、記述問題は、言葉遣いについて出題される確率が高いので、敬語や接遇用語は完璧になるまで取り組みましょう。

第V章　実務技能

　問題の処理、環境整備、金品管理、金品搬送_{はんそう}（2級のみの出題範囲）の対応を学びます。問題を解くには、優先順位は何かを見極めることが大切です。

　また、社交業務では慶事や弔事にかかわる祝儀袋やのし紙の上書きなどを学びます。これらは第III章の一般知識に関連する内容ですが、第V章では、実技として実践的な問題が問われます。

ちょっとアドバイス

　第Ⅰ章からスタートするように構成していますが、自分が得意な章からスタートしても問題ありません。不安が残る項目は、手厚く復習しましょう。

　すべての項目で、○×問題や選択問題を用意しています。間違えたときに解答を見て終わるのではなく、何がどうして正しいのか、どこが違っているのかを明確にするためにも、もう一度解説を読んで復習することをお勧めします。

●学習の方法

　この本を手にしたときからがスタートです。

　まず、学習カレンダー（P.16）にそって計画を立てましょう。「1日1レッスン、毎日少しずつ」が合言葉です。

　少し余裕があるときは2項目進めても構いませんが、着手した項目は全て終えるようにしましょう。また、○×問題や選択問題で間違えたところは、印をつけて必ず復習します。

　第Ⅴ章まで進んだら、予想模擬試験問題に挑戦します。本番と同じ試験時間で行いましょう。採点し、間違えたところは本編に戻って復習しましょう。

時間配分の目安	・選択問題に40分〜50分 ・記述問題に30分〜40分 ・残りの時間を見直しとする ・見直しは最低でも10分確保する

第Ⅵ章　準1級　面接対策

　準1級の面接試験では、サービス接遇者としてふさわしい話し方、態度が問われます。課題はパターン化されていますから、2級までで学習した内容を踏まえて、お客さまを意識した口頭表現がスムーズにできるように反復練習を行うことが大切です。

筆記試験当日の心構え

持ち物の確認

・受験票
・HBの鉛筆またはシャープペンシル数本と消しゴム

試験スタート

・問題全体に目を通し、自信のあるところから取り組むとよいでしょう。
・問題用紙に〇×を記入しておくと、マークシートに記入するとき、間違い
　をなくすことができます。

見直しの時間

・マークシートの記入間違いや抜け漏れがないか
・問題の「適当・不適当」の取り違いがないか

「自分を信じて、為せば成る！」です！

試験実施団体

試験の詳細、お問い合わせ先は以下をご確認ください。

**公益財団法人 実務技能検定協会
サービス接遇検定部**

https://jitsumu-kentei.jp/SV/index
〒169-0075 東京都新宿区高田馬場1-4-15　TEL：03-3200-6675

準1級面接試験当日の心構え

持ち物の確認

・受験票

・筆記具

・鏡（持っていると試験前に身だしなみをチェックできます）

服装の確認

　男女ともにスーツが基本です。色はダーク系のものが無難です。

　かばんもスーツに合うきちんとした形のものを選びましょう。面接試験会場の荷物置場に置いた際に倒れないものがよいでしょう。

すっきりとした髪形

ひげの剃り残しがない

長髪の場合はまとめる

ほつれやしわがない

爪は切ってあり、手はきれいに洗ってある

ストッキングに伝線がない

きれいに磨かれた靴

控室で

　控室での行動も試験の一部と心得て、他の受験者の迷惑にならないよう静かに過ごしましょう。声を出さないように口を動かして顔の筋肉の緊張をほぐしたり、身だしなみを整えたりして過ごしましょう。

サービス接遇検定
合格カレンダー

本書は27日間でサービス接遇検定3・2級の受験に必要な知識を学べるように構成されています。学習した日をカレンダーに記入していきましょう。

1日目	2日目	3日目	4日目	5日目	6日目	7日目

8日目	9日目	10日目	11日目	12日目	13日目	14日目

15日目	16日目	17日目	18日目	19日目	20日目	21日目

22日目	23日目	24日目	25日目	26日目	27日目	

予想模試 ＿＿＿＿ 年 ＿＿＿ 月 ＿＿＿ 日

受験日 ＿＿＿＿ 年 ＿＿＿ 月 ＿＿＿ 日

合格発表日 ＿＿＿＿ 年 ＿＿＿ 月 ＿＿＿ 日

合格目指して
ガンバロー！

サービススタッフの資質

お客さまに「サービス」を届けるスタッフとして、
備えていなければならないものとは何か。
第 I 章では、サービススタッフとして必要な要素を学びます。
お客さまに対する心の持ち方や考え方といった姿勢、
好印象や好感度を生む決め手を学ぶことは、
サービススタッフとしてのスタートラインです。

心構え

Q1 花屋の店頭で、お花を選んでいるお客さまに対する接客は？

Q2 Q1と同時に、店内にいる他のお客さまから呼ばれた場合はどうする？

1 心構え

　心構え（こころがまえ）とは、一般的に心の中での準備、心の用意のことをいいます。では、サービスをする際、どのような心の準備が必要でしょうか。それは、「自分がお客さまの立場ならどう思うか」を常に考えるということです。サービススタッフの心構えとは、お客さまの目線に立つことをいうのです。

●お客さまが「感じがよい」と思える態度を常に考える
●お客さまを大切に思う気持ちを常に持つ

2 心を表す形

　いくらあなたがお客さま目線に立って考えていたとしても、伝わらなければ何にもなりません。お客さまを気遣う（きづかう）気持ちを言葉や行動に表すことが大切です。それが、お客さまを安心させることにつながります。

●お客さま本位（お客さま基本）で、言葉を掛ける
●お客さま主導（お客さま中心）で、行動する

3 公平な応対

　スタッフには、お客さまに**公平に接する**ことが求められます。サービスに差が出ないように他のスタッフに応対を引き継いでもらうことも気遣いの一つです。全てのお客さまが不満に思わないような言動を意識しましょう。

よい対応

・お客さまが来店したら、**明るい声であいさつする**
・お客さまが安心できるよう、**笑顔での応対を心掛ける**
・お客さまに呼ばれたら**明るく返事をし、速やかに向かう**
・どんなときでもお客さまに**配慮した言葉掛けをする**

✕　悪い対応

・お客さまが来店しても、声を掛けられるまで何もしない
・忙しそうな雰囲気を出して、話し掛けられないようにする
・お客さまに呼ばれても無言、または小さな声で返事をする
・応対中に他のお客さまから呼ばれたとき、自分の都合を優先して、気遣う言葉掛けもなくその場を立ち去る

Q1 の Best Answer　こちらから明るい声であいさつをし、常に笑顔を心掛けることでお客さまが居心地よく、尋ねやすい雰囲気をつくる。

Q2 の Best Answer　ゆっくり見て考えてほしいことを笑顔で伝え、店内のお花も見てもらえるよう誘導し、呼ばれたお客さまのもとにすぐに向かう。

・まとめ・　心構え

　心構えは、表情や所作、言葉遣いに顕著に現れるため、サービススタッフは日頃からお客さま目線で物事を考えていくことが大切です。その上で、お客さま本位の言葉を掛け、お客さま主導の行動を心掛けましょう。

チャレンジ
サービス別
問題

●サービス別の具体的な事例について考えてみます。○か✕ で答えましょう。

事　例	答えと解説	
美容室のスタッフ ① 取り込み中だったので、来店したお客さまへのあいさつは他のスタッフに任せた。	あいさつは、お客さまを迎える気持ちの表れである。店内のスタッフ全員があいさつすることによって店の姿勢が伝わる。	✕
レストランのスタッフ ② お客さまが急いでいる様子だったので、オーダーを復唱せずに立ち去った。	復唱は、ミスを防ぐだけでなくお客さまとのかけ橋である。また、復唱をしないことはお客さまに不安を与える。	✕
スーパーマーケットの店員 ③ 品出し中に、お客さまから品物の場所を尋ねられたので、その品物がある場所まで案内した。	どんなに忙しくても仕事の手を止めて応対することは、お客さまへの心遣いである。	○
歯科受付スタッフ ④ 予約していない患者さんに対し、少しお待ちいただきますがよろしいですかと尋ねた。	お客さまの要望に応えることが大切である。待ち時間を伝え、相手を気遣う言葉を掛ける。	○
飲食店の案内係 ⑤ お客さまが禁煙席を希望したが、喫煙席にしか空席がなかったので案内できないと断った。	選択権はお客さまにあるため勝手に判断せず、お客さまに現状を伝えて選択してもらうことが必要である。	✕
ホテルのフロントスタッフ ⑥ お客さまから近くの観光場所を尋ねられたので、地図とともに所要時間を伝えた。	お客さまの行動プランが有意義になるような提案や情報を提供することが、お客さま目線である。	○
携帯ショップのスタッフ ⑦ お客さまは立ち寄っただけかもしれないので、向こうから声を掛けられるのを待った。	こちらから声掛けをするなどして、居心地のよい空間を提供するのがサービススタッフの仕事である。	✕

慣れるがイチバン！
選択問題

● 本試験と同じ五肢択一の問題にトライしましょう。

次は家電量販店のスタッフである木村大介が、お客さまに家電の新商品を説明するときに行っていることである。中から<u>不適当</u>と思われる行動を一つ選びなさい。

(1) お客さまを迎えるときは、笑顔で「いらっしゃいませ」とあいさつするようにしている。

(2) お客さまは新商品の特徴を知りたいと思うので、できるだけ正確な専門用語で特徴を伝えるようにしている。

(3) お客さまは見るだけかもしれないが、商品を気に入ってもらえるように心を込めて応対するようにしている。

(4) お客さまが悩んでいたら、どのような点に悩んでいるのかを質問するようにしている。

(5) お客さまの注文に速やかに対応できるように、対応中にさりげなく商品の在庫と配送の確認をしている。

答え (2)

―― 解 説 ――

(1) 適当。サービススタッフとして笑顔でのあいさつは基本である。笑顔がなくなるのは自分本位。常に「自分がお客さまなら」という気持ちを持つ。

(2) 不適当。専門的なことは、専門用語を使用するのではなく、分かりやすい言葉で言い換えて説明することがお客さま本位である。

(3) 適当。現段階で購入予定はなくても、今後、検討することになるかもしれない。店舗の印象を決定付ける要素として接客態度は重要である。

(4) 適当。悩んでいるときこそ、お客さま目線に立ち、お客さま主導で会話をすることが大事である。解決に向け、一緒に考える姿勢が求められる。

(5) 適当。お客さまがすぐに使用したいときに在庫がなくてはがっかりさせることになる。前もって確認するのがお客さま主導である。

あなたならどうする？

Q1 スポーツクラブで、常連のお客さまを見掛けたら？

Q2 施設の利用で困っていそうな新規のお客さまを見掛けたら？

1 明るさ

　明るい態度はサービススタッフとしての基本行動です。スタッフが明るいと店舗や施設全体が明るい雰囲気になります。スタッフの明るさは人柄のよさと映り、お客さまの笑顔を引き出します。お客さまは、スタッフの明るく、親しみやすい応対によって心を和ませ、親近感を覚えるのです。

明るさの合言葉は…『ニコニコ・ハキハキ・キビキビ』
- ●笑みがあふれる表情で、ニコニコすることを心掛ける
- ●爽やかな声のトーンでハキハキと話す
- ●丁寧かつ積極的にキビキビと行動する

明るさのエッセンスは…『愛想と愛嬌』
- ●愛想とは、人あたりのよい好感のある態度
- →相手に違和感（不快・不平・不満）を与えない態度

● 愛嬌とは、にこやかでかわいらしいこと

→接したときに思わず好感（感じのよさ）を覚えてしまう態度

よい対応
・お客さまが喜びそうな愛想のある言葉を掛ける
・笑顔と爽やかな口調で、積極的にお客さまに近付く
・お客さまと笑い合えるような話題で、ユーモアを加える

悪い対応
・固い表情で事務的に会話をする
・ノロノロとした動作でお客さまを待たせる
・お客さまを見掛けても、自分からは目を合わさない

■ 行き過ぎに注意

お客さまに**明るく接する**ことでスタッフを身近に感じてもらうことが大切ですが、身近とはあくまでも**心の距離**を指します。**親しみやすさは行き過ぎる**となれなれしさに変わることもありますので、十分に注意しなければなりません。

お客さまがなれなれしいと感じる境界線は、次の３点です。

① 友達のような口調で話す
② お客さまのプライベートに立ち入り過ぎる
③ 過度なボディタッチをする

困った態度
ですよね！

愛想や愛嬌を行き過ぎたものにしないためには、**お客さまとして尊重する**言葉遣いを心掛け、プライベートなことには深入りしないように**節度**を保ちましょう。

「**礼儀あっての親しみやすさ**」ですね！

Q1 の **Best Answer**　笑みを絶やさず、「いつもご利用くださり、ありがとうございます」、「今日もお目にかかれて嬉しいです」など、愛想や愛嬌が感じられる言葉を掛ける。

2 誠実さ

誠実とは、真面目で真心のあることをいいます。これは、お客さまに喜んでもらうために何ができるのかを真摯に考えて行動に移すことです。約束を守って遂行することも誠実さの一つです。どんなときでも公平さと思いやりを持ち、お客さまに寄り添うことが大切です。

よい対応
・お客さまに感謝する気持ちを持つ
・お客さまのために何をすべきかを考えて行動に移す
・テキパキと滞りなくお客さまの要望に応える
・お客さまとの約束を守る

悪い対応
・お客さまをお客さまと思わない
・お客さまに配慮せず、曖昧でいい加減にその場をつくろう
・時間がかかりそうな面倒なことは、適当に処理する

お客さまが急いでいて、時間がないためよく調べずに曖昧な情報を伝える、忙しさから適当にその場をつくろうなどの応対は、とても誠実とはいえません。その場ではお客さまが納得したとしても、結果としてお客さまに負担を掛けることになりかねないからです。どのような状況下でも、**お客さまにとってプラスになることを考える心を忘れない**ことです。

誠実な対応ルール

① ごまかさない
② 嘘をつかない
③ 負担を掛けない

どんなときも、親切さと丁寧さが大切ですね。

調べることに時間がかかるなら、あらかじめ所要時間を伝えてお客さまの理解を得る、こちらが忙しいときは、待ち時間を伝えてお客さまの納得を得る。これらはいずれも時間がかかわっています。つまり、誠実であることは**時間の約束を守る**ことでもあるのです。

■ プラス思考が信頼につながる

　お客さまにプラスになることを考えて提案するためには、サービススタッフ自身がプラス思考であることが求められます。例えば、物事のよい面を捉える、よい方向に向かうための方法を考えるなど、日頃から肯定的に考えることが大切です。

　また、お客さまのよい面に気付いたら言葉に出して伝える、お客さまの有利になることを提案するといった行動は、お客さまとの信頼関係を築くきっかけにもなります。

　明るさがお客さまの笑顔を引き出すなら、**誠実さとプラス思考はお客さまの信頼を引き出す**のです。

「プラス思考はお客さまとサービススタッフをつなぐ信頼のかけ橋」ですね！

信頼

サービススタッフ　プラス思考　お客さま

Q2 の Best Answer　笑顔で近付き、まずは明るくあいさつをする。そして「何かお困りでしょうか」と声を掛け、お客さまの要望に沿うように施設の案内をする。

・まとめ・　## 基本行動①

　サービススタッフとして従事するためには、**明るく誠実な態度を示すことが基本**です。

　態度は心を姿勢で表したものです。**お客さまを尊重する心とプラス思考が備わってこそ**、明るく誠実な行動になるのです。

●サービス別の具体的な事例について考えてみます。○か✕で答えましょう。

事 例	答えと解説	
① **コンビニエンスストアのスタッフ** 早朝に来店するお客さまには、「おはようございます」と言っている。	「いらっしゃいませ」だけでなく、あいさつのバリエーションがあることは、明るく誠実な印象を与える。	○
② **動物病院の受付** 心配そうな飼い主さんに、「大丈夫ですよ」と声を掛けて安心させた。	治療の内容が分からないのに、安易に安心させるような発言は誠実とはいえない。	✕
③ **ブティックの店員** 試着したお客さまの服のサイズが合っていないように思ったので、すかさず別のサイズを用意した。	お客さまにとって有益になるように行動することが大切である。	○
④ **病院のスタッフ** エレベーターでは患者さんと目を合わさずそっとしておいた方がよい。	患者さんの気持ちが和むように微笑んで会釈する明るさが必要である。	✕
⑤ **鉄道の駅員** 乗客から目的地への行き方を尋ねられたが、改札口にある看板を見れば分かると答えた。	口頭で分かりやすい目印を伝えるなど、お客さまに負担を掛けないようにすることが誠実な応対である。	✕
⑥ **ケーキショップの店長** 子どもの誕生日ケーキをオーダーした男性に「優しいパパですね」と言葉を掛けた。	明るく愛想のある言葉を掛けるのは、お客さまの心をくすぐる応対である。	○
⑦ **介護施設のスタッフ** 入居者に差が出てはいけないので、事務的に会話するようにしている。	公平であることは誠実につながるが、心が伴わない会話は明るく誠実とはいえない。	✕

慣れるがイチバン！
選択問題

● 本試験と同じ五肢択一の問題にトライしましょう。

次はクリニックの受付をしている斉藤里香が、患者さんが来院したときの応対として普段心掛けていることである。中から適当と思われる行動を一つ選びなさい。

(1) 混雑しているときは、患者さんにおおよその待ち時間を伝えるようにしている。
(2) 患者さんとは極力会話をせず、淡々と事務的に応対するようにしている。
(3) 患者さんが暗い表情のときには、暗い表情であいさつをし、暗い気持ちを共感するようにしている。
(4) 患者さんが明るくなるように、冗談を言って笑わせるようにしている。
(5) 患者さんが話し始めたら、患者さんの気が済むように適当に相づちを打っている。

答え　(1)

解説

(1) 適当。待たされている時間は実際の時間より長く感じる。先に時間が分かれば心の準備ができる。
(2) 不適当。淡々とした事務的な応対では誠実さに欠ける。優しい表情で応対されれば、患者さんの気持ちは落ち着く。
(3) 不適当。患者さんに共感する姿勢は誠実であるが、スタッフが暗い表情では不安感を倍増させてしまう。
(4) 不適当。患者さんを明るくするのはよいが、冗談を言って笑う気分ではないこともある。
(5) 不適当。適当に相づちを打つのは不誠実であり、患者さんの不安な気持ちに寄り添えていない。

基本行動② 素直で協調性がある

あなたならどうする？

Q1 携帯電話ショップでの、スマートフォンの使い方が分からないという高齢のお客さまへの応対は？

Q2 操作が難しいので扱いやすい機種に変更したいと言われたら？

1 素直

　素直な人は誰からも好かれます。素直な態度には、穏やか・ひねくれていない・従順などが挙げられます。これらは、お客さまと穏やかに会話しながら要求や要望をありのまま受け止め、応えていく態度です。素直な態度でお客さまの話に耳を傾けることは、心を開いてもらう近道です。

> **素直な聞き方**
> - お客さまに身体の向きを合わせ、目を合わせる
> - 先入観を持たずにお客さまの声を100％聞く
> - 相づち、頷きで聞いていることを伝える

　例えば、お客さまから商品やサービス、接客態度について何か言われたとき、スタッフが聞く耳を持たずに応対してしまっては、お客さまは不快に思います。サービスの判断基準は、**お客さまにとってよいか悪いか**です。そのため、**お客さまの声は貴重なアドバイス**なのです。

よい対応	・お客さまの声を遮（さえぎ）らない ・穏やかな表情で話を聞く
悪い対応	・上から目線で話をする ・相手の状況を考えず、一方的に伝える

　素直な心があれば、他人は自分の師匠（し しょう）であり鏡であるという考え方が生まれます。他人を通して自分を知り、自分を改めてこそ、誰からも好かれて信頼される社会人になるのです。

素直な態度がもたらす効果
　① 相手の心を開く
　② 問題の解決策が見付かる、解決のヒントを得る
　③ 周囲から好かれる、信頼を得る

■注意点

　お客さまの話を途中で遮ると、100%話を聞いたことにはなりません。人は、最後まで自分の話を聞いてくれる人に安心感を覚えます。

　また、専門的な内容については理解度が違ってあたり前です。スタッフには簡単でも、お客さまには難しい場合があるのです。

「素直さは社会人基礎力の土台」ですね！

Q1 の **Best Answer**　穏やかな表情でお客さまの話を聞く。専門的な内容は、お客さまが理解できるまで分かりやすい言葉で根気（こん き）よく伝える。

2 協調性

　協調性には、助け合う、譲り合う、支え合うという意味が含まれます。サービスの現場でお客さまに喜んでいただくためには、この協調性が大切です。

　仕事は**チーム**で成り立ちます。スタッフが**各自の役割を果たし、お互いの役割を理解し合う**ことによって、**お客さまの満足**という成果につながります。

協調性とは

- ●自分の役割を理解して、チームの目標や目的のために努力する
- ●自分以外のスタッフの役割を理解して、尊重する
- ●お互いが気持ちよく連携できるように行動する

- ・常に周囲の状況を観察する
- ・引継ぎを頼むときは、詳細な内容を伝える
- ・普段から、スタッフ同士のあいさつを欠かさない

- ・お客さまの要望を詳しく聞かず、担当スタッフに引き継ぐ
- ・他のスタッフの仕事内容を把握していない
- ・他のスタッフへの影響を深く考えず、思いつきで行動する

　仕事を停滞させないで前に進めるカギは、**スタッフ同士の連携**です。スムズな連携をするためには、風通しのよいコミュニケーションが必要です。

職場の連携ルール

　① 情報の共有　　② 細かな言葉掛け　　③ 相手の状況を察する

■ 情報の引継ぎ

　引継ぎには、チームで仕事をする上で大切な協調性が重視されます。サービス業では、お客さまを引き継ぐことが多々あります。その際、詳細な情報が共有されていないとお客さまを困らせ、**不快感**を与えてしまいかねません。

■空気をよくする

　スタッフ同士だからこそ、**普段からあいさつを欠かさない**、お礼やお詫びの言葉を忘れないという小さな行動が**連携の強化**につながります。言わなくても分かると考えるのは自分の甘えです。1日目で学んだ心を表す形はスタッフ同士でも必要です。お互いが気持ちよくあれば、自<small>おの</small>ずとお客さまに向かう姿勢も気持ちのよいものになります。職場内の風通しのよさは、お客さまにも伝わります。

■観察する力

　他のスタッフに引継ぎを頼むときに、自分はよくても相手が取り込み中ということがあります。

　引き継ぐ相手の状況を見て、お客さまに待ってもらう必要がある場合はその旨を伝えます。その際、お客さまの**待ち時間が快適になるよう配慮**<small>はいりょ</small>することも忘れてはいけません。

「職場の明るい空気は、連携次第」ですね！

Q2 の **Best Answer**　お客さまが不便に思っている点を詳細に聞き、その上で相談に乗る。担当を代わる場合は、内容を丁寧に伝えて引き継ぎ、お客さまにその旨を伝える。

・ま と め・　**基本行動②**

　私たちの仕事は一人では成り立ちません。スタッフ間の連携が取れていればどんな困難なことでも解決に導くことができます。そのためには、誰に対しても常に**素直な心**で接し、話に耳を傾け、仕事の目的に向かって**スタッフ同士で協力する**姿勢を持つことが大切です。

●サービス別の具体的な事例について考えてみます。○か✕で答えましょう。

事　例	答えと解説	
① **スーパーのレジスタッフ** お客さまから「混雑していますね」と言われたので、素直に「はい」と答えた。	返事だけでなく、待たせていることへのお詫びと利用してもらっていることへのお礼を伝える。	✕
② **ヨガのインストラクター** 「身体が柔らかくて羨ましい」と言われ、「いえいえ、そんなことないです」と謙遜した。	過度な謙遜は失礼にあたる。この場合、素直に喜び、レッスンに励めば可能になるという期待感を与える返答をする。	✕
③ **不動産の営業** 物件を案内するときは、他のスタッフに帰社時間を伝えて外出している。	情報を共有しておけば、外出中のスタッフに対して連絡が入った場合の対応がスムーズになる。	○
④ **コールセンターのスタッフ** 勤務の交代時は、「お疲れさまです」と笑顔で声を掛けるようにしている。	言葉だけだと、事務的な印象に終わってしまう。笑顔で相手をねぎらうように声を掛ける。	○
⑤ **大学の職員** 学内に設置されている意見箱は学生が書いているのであまり信じないようにしている。	一方的に決め付けるのはよくない。事実関係を調べた上で対処すべきである。	✕
⑥ **役所の窓口** 担当者が代わるときは、お客さまを待たせないように引き継ぎ、切れ目なく応対している。	情報を共有するのは基本。担当者が代わる理由と新しい担当者名を伝え、理解を得る。	○
⑦ **ドラッグストアの店員** 品出しの担当ではないが、自分の手が空いていたので協力を申し出た。	自分の手が空いているときに率先して協力を申し出る姿勢は、連携のお手本である。	○

次は銀行の案内係をしている佐藤浩二が、混雑時にお客さまに失礼のないように行っていることである。中から<u>不適当</u>と思われる行動を一つ選びなさい。

(1) 窓口にスムーズに引き継げるように、お客さまが待っている間に用件を聞き、窓口に伝えている。

(2) お客さまから「時間がないので早くしてほしい」と言われたら、「ご不便をお掛けして申し訳ございません」と丁寧に詫び、順番での案内となることに了承を得るようにしている。

(3) 不平不満を言うのはお客さまのわがままであって、謝れば我慢してくれると思うので、話を聞く前にお詫びをするようにしている。

(4) 窓口から駐車券の発行を依頼された場合は、いったん案内をやめて速やかに用意し、渡している。

(5) スタッフの仕事内容と動きを把握し、お客さまだけでなく、スタッフ全員の状況を見るようにしている。

答え (3)

解説

(1) 適当。ただし、用件の引継ぎは、情報の行き違いがないように注意する。待たせた上に行き違いがあると、お客さまの不満が生まれる。

(2) 適当。不満を受け止めた後、全てのお客さまが公平であることに変わりはないと、理解を得られるように伝える。

(3) 不適当。お詫びをすれば何とかなるという安易な考えは態度や表情に表れる。話を聞かずにお詫びをするだけで済む問題ではない。素直な態度でお客さまの不平不満に耳を傾けることが大切である。

(4) 適当。窓口と案内係の連携が取れているとお互いに気持ちがよいものである。お客さまの大切な時間を無駄にしない心配りである。

(5) 適当。仕事はチームである。自分の仕事だけでなく、他のスタッフの仕事も理解していると、お客さまへの応対もスムーズに運ぶ。

I サービススタッフの資質

基本行動③　忍耐力と適切な行動

あなたならどうする？

Q1 パン屋で、何時間も行列に並んだのに数量限定の商品を購入できなかったお客さまへの応対は？

Q2 不満をぶつけるお客さまへの応対は？

1 忍耐力

　サービススタッフの基本行動の一つに忍耐力のある行動があります。サービススタッフはどのような状況下でも感情を自制（コントロール）し、言葉遣いや態度、振る舞いを常に一定以上のレベルに保つ必要があります。スタッフの暗い表情やいら立った姿をお客さまが見ると、不快に感じます。忍耐力は仕事の出来不出来を左右するのです。

> **感情の自制とは**
> - マイナスの感情を態度に出さない
> - 何事も穏やかな表情で受け止める
> - サービススタッフであることを忘れない

　例えば、お客さまから不満をぶつけられた場合、反射的に反論するのではなく、まずはお客さまの言い分にしっかりと耳を傾けましょう。最後まで話を聞かずに反論してしまうと、**お客さまの不満を増幅**させてしまいます。

よい対応
・どんな状況でも穏やかな表情を忘れない
・お客さまの気持ちを酌み取った上で、誠意を込めて伝える
・お客さまが納得できるまで寄り添う

悪い対応
・ルールを盾にして一方的に反論する
・お客さまの声を無視する
・あからさまに感情を出す

■ サービススタッフはお客さまあってこそ

　サービススタッフの役割は、お客さまに応対することです。サービスは、お客さまが存在してはじめて提供できるものです。ところが、お客さまは百人百様、千差万別です。ときには、こちらに非がないことで責められることもあります。

　しかし、お客さまの要望や苦情はあなた個人に向けられているのではなく、**サービスのプロとしてのあなたに向けられています**。

　どんなときも**穏やかな表情を崩さず**に、お客さまの理解を得られるよう対処するのがスタッフの役割です。一人ひとりに**柔軟な対応**ができてこそ、はじめて役割を全うできるのです。

　サービススタッフは、常に自分の役割に立ち戻り、**言葉遣いや態度・振る舞いを安定させること**が必要です。

「忍耐力はお客さまを味方に変える」ですね！

Q1 の Best Answer　一人ずつ丁寧に言葉を掛ける。お客さまの残念な気持ちを酌み取って心から詫び、並んでくれたことに深く感謝する。

35

2 適切な行動

サービススタッフの適切な行動とはどのようなことを指すのでしょうか。それは、お客さまの**要望を正しく把握**し、それに見合った気配りや気遣いができることを指します。お客さまの**期待以上の満足を引き出す**ことこそ、サービススタッフの適切な行動です。

> **適切な行動とは**
> ● お客さまの要望を表情や態度から読み取る
> ● 期待以上の満足が提供できる気配りや気遣い
> ● 要望を予測して先回りする行動

 よい対応
　・お客さまの言い分に耳を傾け、誠意を込めて説明する
　・お客さまが喜ぶ方法を探し、提案する

 悪い対応
　・お客さまの言い分を聞かず、ルールを押し付ける
　・お客さまの感情を受け止めず、無理やり同意させる

■お客さまを第一に考える

お客さまの希望や要望を正しく把握するためには、お客さまの表情や態度を**注意深く観察する**ことが必要です。なぜなら、全てのお客さまが要求を言葉にするわけではないからです。

お客さまを第一に考える行動とは、お客さまの些細（ささい）な様子を見逃さず、要望に応える働きかけをすることです。例えば、怒りを声にするお客さまには、まず怒りの原因が何であるかを見極めます。原因が不安や心配、残念といった感情であるならば、お客さまの気持ちに寄り添いつつ、**怒りが静まるまで耳を傾ける**ことがお客さま第一の行動といえます。

■機転の利いた行動

お客さまの要望に対して期待以上に応えるためには、通常のサービスだけでなく、その場その場で機転を利かすことが必要です。臨機応変に対応する

ためには、常に**状況を適切に判断**し、お客さまへの**気配りや気遣いを忘れな**いことです。**お客さまの気持ちを先回りして酌み取る**ことができれば、状況に応じた機転の利いた行動ができるのです。

┌─ 機転の利いた行動の例 ──────────────

飲食店	荷物の多いお客さまの場合、席の案内とともに荷物を置くかごを用意する
寿司店	コースメニューを予約して来店したお客さまに、「苦手なネタを抜いてほしい」と言われた際は、違うネタに替えて提供する
タクシー	雨の日は水溜まりを避けて停車する
旅行代理店	希望のツアーが満員の場合、希望に近いツアーを探して提案する
観光案内所	案内した観光施設の中に予約が必要な場所が含まれるときは、お客さまに前もって伝える
スポーツクラブ	「いつも混雑している」と不満を言ったお客さまに、比較的空いている時間帯を伝える
ブティック	商品が品切れで、お客さまに「入荷するまで待てない」と言われた場合、他の商品でのコーディネートを提案する

Q2 の Best Answer 不満があると感じた事実に対して、まず謝罪することが大切。
お客さまの気持ちを酌み、納得してもらえるように心を尽くす。

・ま と め・ **基本行動③**

忍耐力を持った適切な行動とは、お客さまの声に耳を傾けて感情に寄り添うことによって、お客さまの満足をつくるこまやかな応対のことです。

サービスはお客さまから認められ選ばれてこそ、価値があります。

●サービス別の具体的な事例について考えてみます。○か✕で答えましょう。

事　例	答えと解説	
① **洋品店の主人** 試着は２着までと張り紙をしてあるのに、それを守らないお客さまに注意をした。	お客さまは張り紙に気付かずにいたかもしれないので、穏やかな口調で依頼する。	✕
② **勧誘員** 契約を終了したいというお客さまには、理由を聞かせてほしいと丁寧にお願いしている。	理由を聞くことは、今後の改善につながることもあるので聞くことが適切な行動である。	○
③ **タクシードライバー** ハイヒールを履いた女性客を降ろす場合は、マンホールなどを避けて停車している。	さりげなく機転を利かすことはお客さまの心を掴む応対である。	○
④ **エステティックサロンのスタッフ** 施術前のお客さまには、施術の内容と結果について偽りのないように説明している。	想定できる内容と結果は全て説明し、合意を得ることが大切。不利な点を伝えてこそ、信頼されるものである。	○
⑤ **リカーショップの店員** 贈答品にしたいという要望に、通常包装しか承れないことを伝えた。	シールや箱など、贈答品に使用できる備品があれば提案する気遣いが、適切な行動である。	✕
⑥ **イベントスタッフ** 大声で騒いでいるお客さまに注意したら、「うるさい」と激昂されたが、心を静めてお願いした。	興奮しているお客さまには、冷静に応対することが必要。やるべきことを整理して、お客さまの理解を得る。	○
⑦ **飲食店の店員** お客さまのオーダーが決まらないようなので、決まったら呼んでもらうようにお願いした。	お客さまに負担を掛けるのではなく、頃合いを見てこちらからオーダーを取りに行くことが適切な行動である。	✕

慣れがイチバン！
選択問題

● 本試験と同じ五肢択一の問題にトライしましょう。

次は料理教室を主宰している山田美保子が、レッスン時に気を付けていることである。中から適当と思われる行動を一つ選びなさい。

(1) 生徒さんは毎回料理を楽しみにしているので、教室でしか作れない特別な料理のレシピを提供している。

(2) 料理が作れるようになることが大事なので、生徒さんがおしゃべりに夢中になっていたら、即座に注意して料理に集中してもらっている。

(3) 一人の生徒さんが困っていても、他に大勢の生徒さんがいるので気にせず進行している。

(4) 基本はその場で試食してもらうのだが、持ち帰りたい人がいたときのために、簡易な容器と紙袋を用意している。

(5) 生徒数が多いときは教室内を回ると時間がかかるので、全体での説明を主にしている。

答え ④

解 説

(1) 不適当。特別な料理でも自宅で作れるようになるのが望ましい。自宅でも作れるように分かりやすく教えることが適切な行動である。

(2) 不適当。おしゃべりが過ぎて手が止まるのは本末転倒だが、少しくらいのおしゃべりを許す度量がなければ、教室の空気が窮屈になる。
（注：本末転倒＝重要な事とそうでない事を取り違えてしまうこと）

(3) 不適当。進行が遅れないように、大勢の方を基準に進行をすることは正しい。ただし、困っている生徒さんに対してフォローする心遣いを忘れないこと。

(4) 適当。お客さまの要望を先回りして読み取ることによって、満足が引き出せる。この場合、簡易容器や紙袋があれば持ち帰ることができる。

(5) 不適当。生徒数に関係なく、生徒さんの手元を見てアドバイスできるので、こまめに見て回ることが必要である。

好印象・好感度① あいさつと所作

あなたならどうする？

Q1 マンションでの保守点検の作業中、住人の出勤に遭遇した場合の応対は？

Q2 ベビーカーの親子が、自分の近くを通るときの応対は？

1 あいさつ

　あいさつはコミュニケーションの第一歩です。良好なコミュニケーションは、気持ちのよいあいさつからはじまります。サービススタッフとして儀礼的（形式的）なあいさつにならないよう、自分の心を開いて声を掛けましょう。

> **あいさつの鉄則**
> ●あいさつは、自分から（自分の心を開く）
> ●あいさつは、いつでも・どこでも・どんなときでも
> ●あいさつは、相手の目を見て

　あいさつは、相手とコミュニケーションを取ろうという気持ちが大切です。相手を認め、自分を認めてもらうためにも、**相手より先にあいさつをすること**が重要です。また、あいさつは相手の目を見てするものです。そこには、あなたに届けたいという意思が存在します。目を見ないあいさつに良好なコミュニケーションは期待できません。いつでも・どこでも・どんなときでも、相手に届くあいさつを心掛けましょう。

よい対応	・目を合わせ、明るい声と表情であいさつをする
	・作業の手を止めて、正対してあいさつをする
	・手が離せないときは、目を合わせ、軽く頭を下げる
悪い対応	・作業中なので、人が近付いてきても気に留めない
	・目を合わさず、儀礼的なあいさつをする

　私たちの印象はどのようにして決まるのでしょうか。第一印象はわずか数秒で決まるといわれています。いわば、出会いのとき、あいさつをしたその瞬間に、相手から感じがよいか悪いかを判断されるのです。

　サービススタッフとして、お客さまとの良好な関係を築くために、あいさつは重要なカギになります。あいさつを侮ることなかれ！　です。

■ あいさつは TPO に応じて
（TPO = Time：時　Place：所　Occasion：場合）

　例えばレストランでは、お客さまが来店した際の明るいあいさつが欠かせません。大きな声であいさつすることは、歓迎する気持ちを表すとともに、他のスタッフにお客さまの来店を伝える役割があります。

　しかし、いつでもどこでも明るく大きな声であいさつすることがよいとは限りません。

　病院の場合、大きな声は他の患者さんの耳障りになりますし、体調が悪い患者さんにとっては、やさしく微笑んで頭を下げるといったあいさつの方がふさわしいものです。サービススタッフとして、TPO に応じたあいさつをすることを心掛けましょう。

 「あいさつを制する者は、第一印象を制する」ですね！

Q1 の Best Answer　可能であれば作業の手を止め、明るくあいさつをして、やさしく見送る。状況に応じて適切なあいさつができることが望ましい。

2 所作

　所作とは身のこなしのことです。サービススタッフの所作には、お客さまに対する**身体の向き**、**目の高さ**、**身振り**、**手振り**、**表情**までもが含まれます。所作によってサービススタッフの**好印象や好感度が決定される**のです。

> **サービススタッフの所作の原則**
> ● テキパキとした機敏(きびん)さ
> ● 丁寧さ
> ● 謙虚(けんきょ)な姿勢

 よい対応
- 反応が早く、**速(すみ)やかに動く**
- **身体の向きと目の高さをお客さまと同じにする**
- **前傾(ぜんけい)の姿勢**で話す、聞く
- 両手で受け取り、**両手で渡す**

 悪い対応
- 反応が鈍く、動きが遅い
- **肩越しにあいさつをしたり、声を掛けたりする**
- 気が付いてもすぐに行動しない
- **片手で受け渡す、指で指す**

■ 所作のポイント

①**身体の向き：正対する**

　お客さまに応対する際は、へその向きを相手に向けて正対する

②**受け渡し：基本は両手で渡す**

　両手が無理な場合は、「**片手で失礼します**」と言葉を添えると丁寧な印象になる

③指し示し：手のひら全体で示す

　ものや向きを指す場合は、指先を揃える

　指 1 本で指すのは、乱暴な印象になる

④話すとき：前傾姿勢

　上半身を 5°ほど傾けながら話をする
　と、謙虚に話を聞く印象を与える

⑤目を合わせる（目の高さを揃える）

　相手が座っているときなどは、目の高
　さが違うと横柄な印象になる

⑥言葉を添える

　所作には心と言葉が伴わないと形式的なものになってしまう

「感じのよい所作はあなたを助ける」ですね！

Q2 の Best Answer 　明るくやさしい笑顔であいさつをし、お客さまの通行の妨げになるものは速やかに片付ける。身体の向きをお客さまの方に向け、目の高さを同じにして日頃の感謝を伝え、愛想の言葉を掛ける。

・まとめ・　好印象・好感度①

　好印象や好感度の評価は、相手が決めるものです。自分のあいさつや所作が相手を不愉快にさせていないか、丁寧に応対できているか、今一度振り返ってみましょう。

●サービス別の具体的な事例について考えてみます。○か× で答えましょう。

事　例	答えと解説	
① **サイクルショップのスタッフ** パンク修理の途中に、お客さまから声を掛けられたので、手を止めて立ち上がった。	作業中の態勢のままだと、目の高さが違う。手を止めて立ち上がり、正対して話を聞く。	○
② **理髪店の店主** お客さまからヘアスタイルの要望を聞くときは、鏡越しに目を合わせるようにしている。	鏡越しで目を合わせるだけではなく、前傾姿勢で、聞く態度を示すようにする。	×
③ **公共料金の検針員** 担当するマンションで見慣れない人は来訪者だと思うので、あいさつをしない。	自分以外は全てお客さまと考える。見知らぬ人でも、明るくあいさつをする。	×
④ **ガソリンスタンドのスタッフ** お客さまが給油しているときは、迷惑になるのであいさつをしないようにしている。	状況を見ることは正しいが、あいさつは自分から先が原則。さりげなく声を掛けることが大切である。	×
⑤ **メガネショップのスタッフ** あれこれ迷っているお客さまに、最近の流行のメガネを両手で手渡してお薦めした。	両手で丁寧に渡すことは、大切な人に大切な品物を届けるイメージになる。	○
⑥ **劇場の案内係** 売店の場所を尋ねられたときは、分かりやすいように場所を指し示して案内をしている。	口頭で説明するだけでなく、指し示して案内をした方が丁寧な印象である。	○
⑦ **靴屋のスタッフ** お客さまが座って靴を試しているときは立って応対している。	目線の高さが違うとお客さまが違和感を覚える。中腰の姿勢か、しゃがんで応対する。	×

慣れるがイチバン！
選択問題

● 本試験と同じ五肢択一の問題にトライしましょう。

次は惣菜ショップに勤務する手塚京子が、お客さまに好印象を持ってもらえるように心掛けている応対である。中から<u>不適当</u>と思われる行動を一つ選びなさい。

(1) 来店したお客さまには、目を合わせ、自分から先に明るい笑顔であいさつをするようにしている。

(2) お客さまから注文を受けるときは、テキパキと作業しながら聞くようにしている。

(3) 注文された品物は両手で手渡し、「またよろしくお願いいたします」と言葉を添えるようにしている。

(4) お客さまが注文するときには正対し、メニュー表を手のひらで示すようにして確認している。

(5) 来店したお客さまには、「いらっしゃいませ」だけでなく、「毎度ありがとうございます」とあいさつを二つ重ねている。

答 え ②

解 説

(1) 適当。あいさつは自分から先が原則。目を合わせ、身体の向きを合わせて明るくあいさつをする。

(2) 不適当。テキパキと動くことは大切だが、作業しながら話を聞くのは丁寧さに欠け、相手を大切にしていない雑な印象になるので、作業の手は止める。

(3) 適当。両手で渡すと品物を丁寧に扱うことになり、その品物を購入するお客さまに対しての誠実さにつながる。また、言葉を添えることでお客さまとの関係を良好にする。

(4) 適当。間違いのないように確認するには、心を込めた正対の姿勢が必要である。手のひらの指し示しは丁寧な印象を与える。

(5) 適当。二つのあいさつを重ねると、より好印象になる。お客さまが帰宅する際のあいさつも同様である。

あなたならどうする？

清潔感のある
身だしなみ

Q1 研修で、受付としての清潔感ある身だしなみとは具体的にどのようなものか問われた場合は？

Q2「外見だけではダメ！」と言われた。その理由は？

1 清潔感

　清潔感の有無は何が基準になるのでしょうか。同じユニフォームを着ても清潔感のある人とそうでない人が存在します。お客さまから清潔感があるスタッフと評価してもらうためにも、清潔感のポイントを押さえましょう。

すっきりとした髪形

ひげの剃り残しがない

長髪の場合はまとめる

ほつれやしわがない

爪は切ってあり、手はきれいに洗ってある

ストッキングに伝線がない

きれいに磨かれた靴

■ 清潔感チェックリスト

身なり			
男　性		女　性	
頭	髪に寝ぐせはないか　☐	髪に寝ぐせはないか	☐
	襟足（えりあし）はすっきりしているか　☐	長い髪は、まとめてあるか	☐
顔	ひげの剃り残しはないか　☐	化粧は濃すぎないか	☐
手指	爪は切ってあり、汚れはないか ☐	ネイルは派手すぎないか	☐
	手は汚れていないか　☐	手は汚れていないか	☐
足	靴下はビジネス仕様か　☐	ストッキングに伝線はないか	☐
	靴は汚れていないか　☐	靴は汚れていないか	☐
	かかとはすり減っていないか　☐	ヒールの潰（つぶ）れはないか	☐
他	服に汚れやしわはないか　☐	服に汚れやしわはないか	☐
	たばこ臭くないか　☐	アクセサリーは派手すぎないか	☐

行　動	
笑顔の表情をしているか	☐
明るい声で話しているか	☐
言葉遣（こと ば づか）いは適切か	☐
テキパキ動いているか	☐

　清潔感とは、**すっきりとしていて洗練（せんれん）されている**印象のことですが、清潔感は、身なりという外見だけのものではありません。所作（しょ さ）や態度による身のこなしや、言葉遣いなどの話し方でも判断されます。サービススタッフとしての自覚が清潔感をつくるのです。

 「清潔感は自覚から」ですね！

Q1 の **Best Answer**　身なりを整えて常に笑顔を絶やさずお客さまを迎え、テキパキと正しい言葉遣いで応対する。

2 身だしなみ

　身だしなみを漢字で表すと、身嗜み。つまり、身（自分）＋嗜む（自分の行いに気を付ける）ことです。**身なりを整える**とともに、仕事における**自分の役割を理解し、行動に注意を払いましょう。**

　身だしなみの基本
　　① 清潔で相手に不快感を与えないこと
　　② 調和が取れていること
　　③ 機能的で動きやすいこと

・流行を追いすぎず、落ち着いた雰囲気をつくる
・仲間との調和を忘れない
・自分に合ったサイズの服で、軽快に動くことができる

・流行を追い、派手である
・過度な独創性や独自性を出して浮いている
・服のサイズが合っておらず、動きが制限されている

■商品やサービスのイメージを演出する

　お客さまは、サービススタッフの身だしなみから商品やサービスをイメージします。

　例えば、高級なイメージを演出するには、**格調高い服装や振る舞い**が必要です。反対に、親近感を演出するには、**機能性のよい服装や親しみやすい話し方**が求められます。

| 高級感 | ・仕立てのよい服装
・落ち着いた話し方で言葉遣いが丁寧である |

| 爽やか | ・ブルーやグリーンなどの淡い色合いの服装
・健康的に見える薄めの化粧と、はつらつとした動作 |

堅実性	・ネイビー、ダークブラウン、グレーなど濃い色合いの服装 ・色合いを抑えた化粧 ・的確な話し方
親近感	・明るい色合いの服装 ・動きやすい服装での軽やかな動作

■ 雰囲気をつくる服装選び

服装は雰囲気をつくり出す重要な要素の一つです。会社の理念や仕事内容に合った服装は、**サービススタッフの姿勢**を表しています。整った服装は、謙虚さや礼儀正しさとなり、お客さまの信頼感をアップさせるのです。

「服装の乱れは心の乱れ」ですね！

また、ユニフォームがある場合は、適切なサイズのものを正しく着用することが求められます。サイズが合っていないと、お客さまにだらしないイメージを与えてしまいます。

ユニフォームがない場合は、服装選びも仕事です。スタッフ自身が会社の顔になれるように、**機能性**だけでなく、季節感を取り入れた**センス**も磨いていきましょう。

Q2 の Best Answer 外見だけでなく、きちんとした振る舞いや丁寧な言葉遣いも身だしなみに含まれるということ。

・まとめ・ 好印象・好感度②

身だしなみの目的は、**お客さまからの信頼を得る**ことです。身だしなみを通して、**会社や店舗、施設のイメージアップ**に貢献していきましょう。

●サービス別の具体的な事例について考えてみます。○か✕で答えましょう。

事 例	答えと解説
① **ブランドショップのスタッフ** 高級ブランドなので、優雅さを意識してお客さまには声を掛けないようにしている。	格調の高さは、商品とスタッフの振る舞いで決まるが、お客さまに声を掛けないのはサービスの基本から外れている。　✕
② **ネイルショップのスタッフ** 人気のネイルや最先端のネイルをして、お客さまの興味を誘っている。	商品の見本として最新の流行を取り入れることもネイルショップのスタッフとしての身だしなみである。　○
③ **耳鼻咽喉科の受付** 制服があるので、化粧や髪形、アクセサリーなどでセンスのよさを出している。	医療関係に必要なのは清潔感と機能性。アクセサリーは華美でないようにする。　✕
④ **蕎麦屋の店員** 毎日やってくる常連客には、友達のような言葉遣いをしている。	言葉遣いは謙虚に礼儀正しくが基本である。店のイメージにもかかわってくる。　✕
⑤ **洋品店のスタッフ** 毎日の服装のコーディネートには、店の商品を何か一つ着用している。	商品の宣伝になるような、スタッフの服装のコーディネートは、身だしなみのお手本である。　○
⑥ **塾講師の男性** 授業の内容が求められているので服装は気にせず、スリッパを愛用している。	サービス業である以上、服装はビジネスカジュアルで節度ある身だしなみを心掛け、足元は動きやすいことが基本になる。　✕
⑦ **介護施設の送迎ドライバー** 送迎時には、笑顔でのあいさつと言葉掛けを忘れず、安全運転を徹底している。	心を整え、安心・安全・快適をお客さまに提供するのも身だしなみのうちである。　○

慣れるがイチバン!
選択問題

● 本試験と同じ五肢択一の問題にトライしましょう。

次は添乗員をしている浜口一郎が、ツアーでお客さまに失礼のないように注意している身だしなみである。中から不適当と思われる行動を一つ選びなさい。

(1) 何が起きるか分からないので動きやすい服装を選んでいるが、だらしなく見えないようにしている。

(2) 同行しながら案内するのでお客さまと仲良くなるが、言葉遣いには気を付けている。

(3) 毎朝、ひげの剃り残しがないか、寝ぐせがないか、口臭をチェックしている。

(4) 飲み過ぎ、食べ過ぎ、睡眠不足などには注意をし、体調管理を大事にしている。

(5) 履物は、場所によって革靴やスニーカー、サンダルの中から選択して着用している。

答え (5)

解説

(1) 適当。だらしなく見えてしまうと、仕事もだらしないという印象を与えてしまう。シンプルかつ華美でない、自分のサイズに合った動きやすい服装がよい。

(2) 適当。お客さまから友達のように話し掛けられても、自分は礼儀正しい言葉遣いをするべきである。

(3) 適当。チェックすることを習慣にする心掛けが、仕事に向かう姿勢である。

(4) 適当。体調管理も仕事のうちである。

(5) 不適当。足元の安全が確保できないサンダルは、身だしなみとして不適切。

チャレンジ！ 級別 実践問題

〈3級〉

1 次はブティックに勤務する武井みどりが、お客さまに気に入ってもらうために行っている行動である。中から適当と思われるものを一つ選びなさい。

(1) お客さまの来店時には、作業しながらあいさつをするようにしている。

(2) お客さまが洋服を見ているときは、すかさず近付き、積極的にお客さまの情報を聞き出すようにしている。

(3) お客さまが悩んでいるときは、試着した方が雰囲気が分かると伝え、試着室を案内している。

(4) お客さまから「他の色はないか」と問われたら、「その色だけです」と正直に伝えるようにしている。

(5) 見るだけだというお客さまにも積極的に声を掛けるようにしている。

2 スーパーの食品売り場に勤務する須永進一郎は、店長から「清潔感が大切」と指導されている。次は、清潔感について須永が考えたことである。中から不適当と思われるものを一つ選びなさい。

(1) 髪を整え、ユニフォームの汚れを払うなど、身なりを整えることではないか。

(2) 売り場に立つ前には髪を整え、よいにおいのするコロンをつけることではないか。

(3) ハキハキと明るい声を出し、キビキビと行動することではないか。

(4) すみずみまで清掃が行き届き、きれいに陳列されている売り場をつくることではないか。

(5) 忙しいときも優しい笑顔でお客さまに応じることではないか。

〈答えと解説〉

〈3級〉
 (3) お客さま目線に立ち、見ているだけより着た方が分かると伝えている。

2 (2) 食品に余計なにおいが移ることは不適切である。コロンは身だしなみの一つであるが、食品売り場では不要である。

〈2級〉

1　複合施設の受付をしている佐瀬しのぶは現場主任から、多くのテナントが入っているので適切な対応をするようにと言われた。そこで、佐瀬は次のように考えた。中から不適当と思われるものを一つ選びなさい。

(1) お客さまから場所を質問された場合、お客さまに地図を見せ、分かりやすい目印を伝えることではないか。

(2) 迷っているようなお客さまを見掛けたら、こちらから声を掛けることではないか。

(3) 呼び出しをお願いされた場合、お客さまの情報を聞き取り、椅子に掛けて待ってもらうように伝えることではないか。

(4) 迷子らしき子どもを発見した場合、速やかに近付いて安心させ、名前や誰と来たのかを聞き出すことではないか。

(5) お客さまから不満をぶつけられたら、「こちらは受付ですので」と丁寧に断ることではないか。

2　次はバスの運転手である土屋恵一が、好感をよくするために心掛けている行動である。中から不適当と思われるものを一つ選びなさい。

(1) 混雑時は、乗車中のお客さまに丁寧な言葉遣いで協力を求め、協力が得られたら必ずお礼の言葉を言うようにしている。

(2) 降車時にお客さまからお礼を言われたら、明るい声でお礼の言葉を返すようにしている。

(3) 高齢のお客さまが乗車するときは、座席に着くまで見守り、声のトーンを意識して優しい言葉を掛けるようにしている。

(4) 手元に両替金が用意できない場合は、「両替ができません」と素直に断っている。

(5) 車庫から出発する前に、身だしなみを整え、車内のにおいにも注意を払うようにしている。

〈答えと解説〉

〈2級〉

1　(5) 受付は全てのテナントの窓口になるので、お客さまの不満を受け止め、各施設に連携する旨を伝えることである。

2　(4) 素直に断るのではなく、「大変申し訳ないのですが」とお客さまに寄り添う気持ちが必要である。また、乗車したいお客さまのことを考えて、可能な状況であれば、他のお客さまに両替をお願いしてみる配慮があるとよい。

決め手は「笑顔」

　人類初の宇宙飛行士となったガガーリン。彼が乗員の最終選考で選ばれた決め手は「笑顔」でした。笑顔は、元手のかからないサービスであり、サービススタッフとしての標準装備です。

　表情には自身の心模様が表れますが、心は晴れやかであっても他人から「怒ってる？」とか「調子悪い？」などと言われてしまうことがあります。それはなぜでしょうか。

　そこには、口角の角度が深く関係しています。口角が上がっている人は笑顔に見えますが、下がり気味の人は、残念ながら笑顔からは遠い印象になってしまうのです。

　サービススタッフとして、常に心を整えるだけでなく、鏡に向かっての笑顔トレーニングも欠かさないようにしましょう。

　あなたの笑顔が、最強のサービスになりますように。

口角を意識する

「簡単笑顔トレーニング」

鏡の前で発声練習をしましょう。
　①「ハッピー・ラッキー・ウイスキー」
　　と５回
　②「ウ・イ・ウ・イ」をゆっくり10回

第 II 章

専門知識

第II章では、「サービス」について知識と実践の両面から学びます。
知識面では、サービスの意味を理解し、
サービスが果たす役割、サービスがもたらす成果を考えましょう。
また、現場で使用される用語の知識も深めます。
実践面では、お客さまの心理を基に、
求められる具体的なサービスについて事例を通して考えます。
さまざまなサービスの種類があることを理解しましょう。

Q1 ブティックに来店したお客さまへのサービスとは何か？

Q2 サービスが必要な理由とは何か？

1 サービスとは何か

　私たちは、日常生活のあらゆる場面で料金を支払っています。そして、料金が発生する経済活動の全てにサービスは含まれています。

　では、サービスとは何でしょうか。基本の考え方は、次の3点です。

- ●お客さまに尽くすこと
- ●お客さまの役に立つこと
- ●お客さまをもてなすこと

　サービススタッフは、この考え方を持ってお客さまの要望に応えなければなりません。適切な対応がお客さまを満足させ、高評価を得ることで事業に貢献できるのです。これが、企業などから見た「サービスの意義」です。

　サービスの意義
- ●お客さまに満足を提供する
- ●満足の提供により対価を得て、事業に貢献する

では、具体的にどのような行為・行動がサービスにあたるのか、例を見ていきましょう。

■ 具体的なサービス

①コンビニエンスストアの場合

　・弁当を購入した際に、「温めますか？」と声を掛けること。

　・温かいものと冷たいものを別々の袋に入れること。

　・カップ麺を購入した際に、箸を付けること。

②ホテルの場合

　・宿泊に合わせて荷物を事前に預かること。

　・チェックアウト後に荷物を一時的に預かること。

　・駅や空港への送迎をすること。

③ネット保険の場合

　・申し込みを 24 時間可能にすること。

　・早期継続手続きで割引になると案内すること。

　・ポイントをお客さまに還元すること。

④役所の場合

　・休日や夜間の届け出を可能にすること。

⑤フィットネスクラブの場合

　・入会特典を用意すること。

　・会費を年一括払いする場合に割引をすること。

　・回数券の購入でロッカーの使用料を半額にすること。

このように、あらゆる職種でサービスは行われています。私たちが支払う料金には、モノや活動、体験、情報だけでなく、それに伴う細かなサービスへの対価も含まれているのです。

■ 限定的なサービス

　サービスの中には、特定の期間に行われるものや、一時的で特別なものもあります。

① 値段の割引き

　次のような場合に、値段を割り引いて販売するサービスです。

- ・家庭用電化製品のモデルチェンジ(仕様やデザインの変更)があった場合
- ・家庭用電化製品の季節商品の時期が過ぎた場合
- ・生鮮食料品などの消費期限や賞味期限が迫った場合

② 特別セール

　店の記念日などに、粗品や記念品をお客さまにプレゼントするサービスです。「限定〇名様」や「先着〇名様」といった条件を付けることによって、お客さまの**購買意欲を高める**目的を含みます。

　特別セールは**お客さまへの感謝の気持ちを表すサービス**で、今後も長く贔<ruby>屓<rt>き</rt></ruby>にしてもらうために行います。

　一般的に、**値引きやおまけを付けること**がサービスと思われがちですが、これらはあくまでも**限定的なサービス**であり、**本来のサービス活動のごく一部**でしかありません。頻繁に行ってしまうと、かえってお客さまに不信感を与えてしまいます。

　限定的なサービスばかりに頼るのではなく、通常のサービスをお客さまに評価してもらい、信頼を得ることが大切です。

- ・明るいあいさつをして出迎え、心地よい気持ちにさせる。
- ・お客さまが荷物を持っている場合、荷物を置いてゆっくり洋服を見てもらえる環境を用意する。
  （荷物を預かる／荷物の置き場所を確保する）
- ・整理整頓された気持ちのよい店内を保つ。
- ・プロの視点からアドバイスする。

2 サービスの目的

　例えば、あなたがホテルに宿泊したとします。スタッフ全員が明るく感じのよい応対であれば、「**また次も利用したい**」と思うのではないでしょうか。このように、お客さまの満足（CS）を得ることがサービスの目的です。

　お客さまの満足は企業の評価につながり、結果的に事業に貢献することになります。サービススタッフは、企業の価値や品質を決定付ける重要な役割を担っているのです。

■CS（Customer Satisfaction）とは

　CSとは**顧客満足**のことで、提供したサービスに対するお客さまの満足感を指します。CSの向上には、**お客さまの期待以上のものを提供する**という姿勢が大切です。現代はモノや情報にあふれた競争社会であり、安定した顧客の確保にCSの向上が欠かせないのです。

事前期待	＞	実績評価	……	不満（お客さまに利用されなくなる）
事前期待	＝	実績評価	……	どちらともいえない
事前期待	＜	実績評価	……	満足（お客さまに利用してもらえる）

Q2 の Best Answer　目当ての品物がなくても、スタッフの応対によって「来店してよかった、また来たい」と思ってもらえれば、お客さまの継続利用につながるため。

・まとめ・ サービスの意義

　サービスの意義とは、お客さまに満足を提供することです。どうすれば満足してもらえるかを考えるサービスマインドを持って行動し、それによって得られる対価（利益）で事業に貢献することがサービススタッフの役割です。

●サービス別の具体的な事例について考えてみます。○か✗で答えましょう。

事　例	答えと解説	
① **アミューズメント施設のスタッフ** 混雑時には、おおよその待ち時間を伝える看板を掲示している。	先の見えない待ち時間はいら立ちに変化しかねない。時間の見通しが付けば、人は納得するものである。	○
② **靴屋のシューフィッター** 靴は足に合ったものが一番であるため、お客さまにはいつでも靴のオーダーメイドを薦めている。	お客さまによって靴に求めるものはさまざまである。お客さまの要望を尋ね、優先することがサービスである。	✗
③ **クリーニング店のスタッフ** 現金よりもプリペイドカードを利用した方がお得であると伝えている。	お客さまにとって有益になる情報を伝えることはサービスである。	○
④ **レストランのスタッフ** お客さまの立場を理解するため、普段からさまざまな飲食店を利用するようにしている。	お客さまの気持ちを知るよい機会となる。サービスを向上させるためには、お客さまの目線で考える姿勢が欠かせない。	○
⑤ **オフィス飲料サービスの点検員** 飲料の味に対する要望を受けた際は、担当外なので担当部署に直接連絡してもらうよう伝えている。	お客さまに連絡させるのではなく、たとえ担当外であっても会社の一員として聞き、担当部署に伝えるべきである。	✗
⑥ **大型スーパーの駐車場スタッフ** 混雑時には、特に気を付けて車を誘導するようにしている。	誘導することは、停滞を防いでスムーズな駐車を促せるだけでなく、事故防止にもつながる。	○
⑦ **百貨店の案内係** お客さまに近隣の店の情報を尋ねられたときは、店内以外のことは分からないと答えている。	近隣の情報を知っておき、お客さまに伝えることもサービススタッフの仕事である。	✗

慣れるがイチバン！

選択問題

● 本試験と同じ五肢択一の問題にトライしましょう。

次は雑貨店に勤務する佐野良太が店長から、雑貨店としてできるサービスについて指導されたことである。中から<u>不適当</u>と思われるものを一つ選びなさい。

(1) お客さまに満足してもらえれば、どのようなこともサービスになる。

(2) お客さまに満足してもらえない場合もあるが、スタッフがサービスだと思ってしたことはサービスになる。

(3) お客さまが商品を購入しやすくなるのであれば、値下げすることはサービスになる。

(4) お客さまが商品を見やすくなるように、商品を整頓することもサービスになる。

(5) お客さまにとって快適に感じてもらうことができれば、店の雰囲気をよくすることはサービスになる。

答え (2)

解説

(1) 適当。サービスとは、お客さまに満足を提供することである。お客さまのさまざまな要望に応える必要があるため、決まった形というものはない。

(2) 不適当。お客さまが満足しなかったということは、要望に応えられなかったということである。たとえスタッフがサービスと思っていても、お客さまが満足しなければサービスとして成立しない。

(3) 適当。価格を調整することは、お客さまの満足につながる。

(4) 適当。商品の整頓といった店の環境を整えることも、お客さまの満足につながる。

(5) 適当。雰囲気自体は形がなくても、お客さまに快適だと感じさせられれば、それはサービスである。

Ⅱ　専門知識
サービスの機能①

あなたならどうする？

Q レストランで食事するお客さまの要望とは？

1　異なる要望への対応

　お客さまの要望はさまざまに異なり、決して同じではありません。求めているのは安心なのか、便利さなのか、あるいは快適さなのか。サービススタッフはお客さまの多様な要望を酌み取り、それらに沿って行動する必要があります。

■顧客心理を知る
　商品やサービスを購入する際に、お客さまが抱く心の働きを**顧客心理**といいます。サービススタッフは、主に次の心理を押さえることが大切です。

歓迎されたい心理	笑顔で明るい態度で迎えてほしい
独り占めしたい心理	自分のために親切に応対してほしい
優越を感じたい心理	特別なお客さまだと認知してほしい
損をしたくない心理	自分にメリットのあるものであってほしい
自分本位の心理	快適で満足できるものであってほしい
不安の心理	トラブル・嫌な思いを避けたい

2 サービスの機能

サービスの機能とは、サービススタッフの行為・行動によって、お客さまの要望を実現することです。サービスの機能は、次のように分類されます。

- ●お客さまにとっての、**快適さと楽しさの実現**
- ●お客さまにとっての、**安心と安全の実現**
- ●お客さまにとっての、**便利さの実現**
- ●お客さまに**成長を感じてもらうことの実現**

サービスの機能を理解し、これらを実現するためには、**お客さまが何を求めているのかを的確に把握**しなければなりません。常にお客さまの視点に立って考えましょう。

■さまざまなサービスの機能

次に挙げるのは、サービスの機能の具体例です。

①お客さまの快適さと楽しさを実現するサービスとその対応例

ホテル
HOTEL

| お客さまの要望 | ゆったりくつろいで過ごしたい |
| 対 応 | 電話の取り次ぎを控えるかどうかを確認する |

百貨店

| お客さまの要望 | 良質なものを手に入れたい |
| 対 応 | 良質な商品を取り揃えて見やすく配置する |

娯楽施設

| お客さまの要望 | 時間を有効に使って楽しみたい |
| 対 応 | 待ち時間を提示して効率よく回れるようにする |

快適さや楽しさを実現するためには「**清掃**」も欠かせません。汚れたところだけでなく、目に付かないところまでしっかりきれいにして、居心地のよい空間を作ることで「**心地よく過ごしたい**」というお客さまの要望に応えます。

② お客さまの安心を実現するサービスとその対応例

警備

| お客さまの要望 | 留守中にも見守ってほしい |
| 対 応 | セキュリティサービスで、留守中の安全を守る |

保険会社

| お客さまの要望 | いざというときの暮らしの備えであってほしい |
| 対 応 | お客さまの生活の変化を見据えた商品を提案する |

介護施設

| お客さまの要望 | 日常生活を援助してほしい |
| 対 応 | 個人に合わせた援助計画を立てる |

公共サービス

| お客さまの要望 | 安心して暮らすための身近な存在であってほしい |
| 対 応 | 治安を維持し、ときには地域の催しに参加する |

③ お客さまの安全を実現するサービスとその対応例

公共交通機関

| お客さまの要望 | スムーズかつ快適に移動したい |
| 対 応 | 遅延・不通の際に振替輸送を行う |

点検作業

| お客さまの要望 | 暮らしを管理してほしい |
| 対 応 | 異常があれば、速やかにお客さまに連絡する |

工事関係

| お客さまの要望 | 危険を回避したい |
| 対 応 | 工事の事前周知を行い、安全管理を徹底する |

銀行

| お客さまの要望 | 財産を管理してほしい |
| 対 応 | 資産運用などについて相談できる窓口を設ける |

　この他、**病院**も、お客さまの「**身体の健康を管理してほしい**」という要望に応えることで安全を実現しています。例えば、定期検診や人間ドックなどで病気の早期発見や早期治療に努めること、健康相談の窓口を設けることなども、サービスの一環といえます。

④お客さまの便利さを実現するサービスとその対応例

オンライン
サービス

お客さまの要望	時間や場所に関係なくサービスを受けたい
対　応	オンラインでの買い物や手続きを可能にする

役所の休日窓口

お客さまの要望	休日でも手続きをしたい
対　応	休日の窓口での手続きを可能にする

配送

お客さまの要望	重い荷物の運搬・受け取りの手間をなくしたい
対　応	自宅への集荷や、配達時間の指定を可能にする

⑤お客さまの成長を実現するサービスとその対応例

カルチャー
センター

お客さまの要望	望む能力を身に付けたい
対　応	多種多様な好みに合わせた講座を展開する

学習塾

お客さまの要望	合格したい志望校がある
対　応	志望先に特化したカリキュラムで専門性を高める

スポーツクラブ

お客さまの要望	自己実現を手助けしてほしい
対　応	お客さまのレベルに合ったプログラムを用意する

　このように、お客さまの要望がどこにあるかを具体的に考えることで、サービスの機能が実現します。

Q の Best Answer　美味しい食事がしたい、食事を早く出してほしい、和やかに過ごしたい、ゆったりと落ち着いて食事をしたい　など

・ま　と　め・　## サービスの機能①

　サービスの機能は、お客さまに信頼や喜びをもたらします。お客さまの要望を的確に理解し、どうすれば実現するのかを考える姿勢が大切です。

●サービス別の具体的な事例について考えてみます。○か✕で答えましょう。

事 例	答えと解説	
① ホテルのスタッフ お客さまには、どんな場合でも積極的に声を掛けてフレンドリーに接することがサービスである。	お客さまの中にはそっとしておいてほしい人もいる。お客さまをよく観察し、状況に合った応対をするのがサービスである。	✕
② スーパーマーケットのレジ係 会計時に、お客さまから購入をやめたいと言われた商品は、レジで受け取っている。	会計をスムーズに終えることがお客さまの要望である。売り場へ戻すことはスタッフの仕事である。	○
③ スポーツ用品店の店員 商品の選択で迷っているお客さまには、用途を尋ねて見合うものを薦めている。	お客さまに満足してもらうことが大切である。お客さまの用途に合ったものを薦めるのがサービスの機能に即した対応である。	○
④ アパレルショップのスタッフ 未着用なので購入時に迷った服と交換したいというお客さまに、今回限りと念押しして応じた。	お客さまに満足してもらうことがスタッフの役目である。未着用であることが確認できたら、快く交換に応じるのがよい。	✕
⑤ 日用品のスタッフ お目当ての商品が売り切れだったお客さまには、同じ商品を置いていそうな近くの店を教えている。	教えてもらったお客さまは結果的に助かる。お客さまを第一とする姿勢が、再来店のきっかけとなる。	○
⑥ ブティックの店員 商品をコーディネートしやすいようにディスプレイに力を入れることもサービスである。	よいディスプレイは購入のきっかけになるだけでなく、リピーターの獲得にもつながる。	○
⑦ 完全予約制のマッサージ店 予約変更の電話は気持ちよく受け付け、電話をくれたことへのお礼を言うようにしている。	お礼を言うのは、申し訳ない気持ちで電話したお客さまを安心させる配慮である。	○

● 本試験と同じ五肢択一の問題にトライしましょう。

ホームセンターの新人スタッフ鈴木誠司は店長から、「うちはアフターサービスを重視している」と言われ、アフターサービスに力を入れる利点について次のように教えられた。中から<u>不適当</u>と思われるものを一つ選びなさい。

(1) アフターサービスを充実させることは、お客さまに安心して購入してもらうことにつながる。

(2) お客さまからの質問を受ける機会を増やすことで、質問の傾向を把握し、商品の説明の仕方に生かすことができる。

(3) アフターサービスに力を入れるとお客さまと会話する機会が増えるため、お客さま応対に関する社員研修の必要がなくなる。

(4) さまざまなお客さまの家を訪ねる機会が増えるため、各家庭で必要とされている商品の傾向が分かり、商品を薦めやすくなる。

(5) お客さまが商品を購入した後でも、商品に関する問い合わせに応じることで店への信頼が高まる。

答え (3)

解 説

(1) 適当。アフターサービスは商品を購入したお客さまを補助するサービスである。アフターサービスが充実すれば、お客さまの安心につながる。

(2) 適当。しっかりとアフターサービスが行えている店では、お客さまと接する機会が増えることから、より的確な商品説明ができるようになる。

(3) 不適当。お客さまに接する機会が多いからこそ、感じのよい応対ができるよう研修を実施すべきである。

(4) 適当。各家庭が持っている要望をスタッフが把握できると、お客さまに対してより実情に即した商品を薦められる。

(5) 適当。アフターサービスを丁寧に行えば、お客さまの店に対する信頼が高まり、店への評価を高めることができる。

サービスの機能②

　サービスの機能はどのように高めることができるでしょうか。洋菓子店の
例を見てみましょう。

「サービス向上月間」

　上記の『サービス向上月間』は、サービスの機能を高めるものの一つです。
対象月にはより一層意識してサービスの向上を図ります。

1 サービスの向上

　サービスの向上を図ることは、お客さまへのよりよい・安定したサービスの提供につながります。具体的な取り組みの例を見てみましょう。

- ●サービス向上月間
- ●アンケート
- ●マニュアル

　これらがどのように機能しているのか、なぜ必要なのかを、サービススタッフは理解しておく必要があります。

■サービス向上月間

　サービス向上月間では、左ページのケース以外にも「あいさつ運動を実施する」、「アフターサービスを強化する」などが行われています。

　ではなぜサービス向上月間を設けるのでしょうか。その意義については、次の3点を押さえておくことが大切です。

- ●サービス向上に努めていることを、お客さまに知ってもらう
- ●よりよいサービスの提供によって、お客さまに満足してもらう
- ●サービスを見直し、スタッフのサービスへの意識を高める

店・企業とお客さまとの両視点から、お客さまに満足してもらうために何が必要なのかを理解しておくとよいでしょう。

■アンケート

　アンケートは、お客さまの満足度と不満度を確認するためのものです。直接尋ねるよりも、お客さまの本音に近い率直な意見を得ることができます。要望や苦情の場合は、貴重な意見として受け止め改善に努めましょう。逆によい評価を得た場合は、スタッフのモチベーションアップにつなげます。

　アンケートには、**よりよいサービスを提供するための改善点のヒント**がたくさん詰まっているのです。

■マニュアル

　マニュアルは、サービススタッフが**基本的なお客さま応対**を理解できるように作られたものです。勤続年数にかかわらず、**誰でも一定のレベルで応対**ができるように考えられています。ぬかりのない安定した応対は、他店との差別化には欠かせないポイントです。

　しかし、マニュアルはあくまで基本です。スタッフはマニュアルを基本とし、**お客さまを満足させるよりよいサービス**を考えなければなりません。サービスの質は、スタッフによって決定付けられるのです。

2　お客さま第一のサービス

　サービスは、お客さまの存在によって成り立つものです。だからこそ、常に**お客さま第一**の考え方をしなければなりません。サービスの機能を高めて**お客さまの満足**を実現するには、店側が気の利いた対応をすることが大切です。次は、お客さま第一を考えたサービスの例です。

■開店時に関する対応

　・夏場、炎天下で並ぶお客さまに対して、飲料水を提供するサービスを行う。

　・セールなどで混雑が予想されるときは、事前に入場整理券を配布し、当日の入店誘導がスムーズになるようにする。

■落とし物の取り扱い

スタッフが発見した場合

　・持ち主が取りに来るまで責任を持って保管する。

　・生ものの場合は、冷蔵庫や冷凍庫に保管する。

　・持ち主の連絡先が分かれば、直接本人へ連絡する。

お客さまから届けられた場合

　・預かるときに、落とし物があった場所や拾った時間を尋ねておく。

・財布などは、届けてくれた人と一緒に中身を確認し、届けてくれた人の氏名や連絡先を尋ねておく。

受け取りに来た場合

・傘やバッグなどの場合は特徴を尋ね、該当するものを渡す。

■ 販売店でのサービス

・お客さまの購入商品を包装するとき、お客さまが他に荷物を抱えていたら、他店の商品であっても、まとめて包装するかどうか尋ね、希望があれば一緒に包装する。
・自店でお客さまの求める商品を扱っていない場合は、他店であっても取扱店を紹介する。
・商品の入荷待ちをしているお客さまに対して、予定より早く入荷した場合はすぐに連絡する。

■ オンラインでのサービス

　サービスには、直接お客さまに対面して行うサービスだけでなく「個人宅やビルのセキュリティサービス」、「留守中のペット見守りサービス」、「年賀状の作成サービス」など、オンラインでのサービスもあります。

　オンラインにおいても、機械やシステムを利用するお客さまのことを第一に考えなければなりません。お客さまと対面するサービス同様、お客さまの立場に立ち、どうすればお客さまが満足するかという視点を忘れないようにしましょう。

　・ま　と　め・　**サービスの機能②**

　お客さまのさまざまな要望に応えるためのサービスは、今後ますます多様化していきます。常にお客さまを第一に考えることを心掛け、サービスの向上に努めましょう。

●サービス別の具体的な事例について考えてみます。○か✕で答えましょう。

事　例	答えと解説	
① **ホテルのスタッフ** マニュアルにないことを要求された場合は必ず断っている。	基本はマニュアルに則るが、ときにはイレギュラーな対処が必要になることもある。	✕
② **洋品店** サービス向上の一環として、パンツの裾上げは、購入時に限って無料で行っている。	購入時には時間が無いお客さまもいる。購入後一定期間内、レシート持参で対応可能などとすればサービス向上になる。	✕
③ **フラワーショップの店員** アレンジメントの受注時には、仕上がりが想像できるよう、よく似たタイプの写真を見せている。	仕上がりのイメージが想像できると選びやすくなり、お客さまが助かる。	○
④ **レストランのスタッフ** 客席にアンケート用紙を常設し、サービスの向上に役立てている。	アンケートは待ち時間に気軽に記入しやすい。お客さまの声を集計し、改善につなげる。	○
⑤ **ゴルフ練習場のスタッフ** 手の空いたインストラクターが常に巡回し、お客さまのフォーム診断をするようにしている。	サービスは押し付けてはならない。希望制にすれば、押し付けずにサービスの機能を高めることができる。	✕
⑥ **おもちゃ屋の店員** 半年に一度、動かなくなったおもちゃを修理する日を設けている。	修理を希望するお客さまにとってはありがたいサービスであり、足を運んでもらうきっかけにもなる。	○
⑦ **アミューズメント施設のスタッフ** サービス向上月間では、お客さまに明るくあいさつをすることに力を入れている。	明るくあいさつをすることでお客さまに気持ちよく利用してもらうことができるため、サービスの向上につながる。	○

72

慣れるがイチバン！
選択問題

● 本試験と同じ五肢択一の問題にトライしましょう。

百貨店のスタッフ多田昭二は先輩から、「よいお客さま応対をするには、マニュアルに頼ってばかりではいけない」と言われた。次はそのことについて多田が考えたことである。中から不適当と思われるものを一つ選びなさい。

(1) マニュアルに頼りすぎると、マニュアルを守ることに意識が偏（かたよ）ってしまうからではないか。

(2) 来店するお客さまは多種多様だから、基本的な応対以外はそれぞれのお客さまの個性に合わせた応対が必要ということではないか。

(3) マニュアルは基本でしかないので、参考にさえすればしっかり覚える必要はないということではないか。

(4) マニュアルはあくまでも基本なので、杓子定規（しゃくしじょうぎ）に頼ってばかりいると、お客さまの要望に期待以上に応えることができないからではないか。

(5) マニュアル通りに応対することは簡単なので、よりよいサービスを考えようとしなくなるからではないか。

答え (3)

解 説

(1) 適当。マニュアルを守ることばかりに気を取られると、お客さま応対が画一的になりがちなので注意が必要である。

(2) 適当。サービススタッフは、いかにマニュアルの基本を発展させ、お客さまの個性に合わせた応対ができるかが問われる。

(3) 不適当。マニュアルをしっかり覚えていなければ、基本的な応対すらできないと考えるべきである。

(4) 適当。マニュアルは応対の基本であるが、それだけでは不十分。お客さまの要望に応えるにはマニュアルを基本としたサービスの上積みが欠かせない。

(5) 適当。マニュアル通りの応対をすれば基本的なサービスは提供できるが、常によりよいサービスを考えることがサービススタッフの役目である。

サービスの種類①

　サービスの種類とは、お客さまへの**応対の仕方**のことです。ジュエリーショップを例に、販売の流れとスタッフの応対を確認してみましょう。

①お客さま来店

よい応対

笑顔で出迎え、安心感を与える

ポイント

スタッフの応対で店の印象が決まる

②商品を薦める

どんな
デザインが
いいかな

よい応対

・話しやすい雰囲気でお客さまの要望を
　聞き出す
・お客さまが商品を選びやすくなるよう
　な説明をする

ポイント

お客さまの立場に立つ

③商品を渡す

よい応対

購入商品以外にできるサービスをする
（ギフト包装の提案、セールの案内をす
るなど）

ポイント

お客さまに満足してもらう

　これは、あくまでも応対の一例です。サービスの仕方は一つとは限りません。それぞれの職種・場面に応じた、さまざまなサービスの仕方があることを理解しておきましょう。

1 接客によるサービスの種類

　サービススタッフは、お客さまに「あの店に行ってよかった」、「嬉しかった」、「次もまた来たい」と思ってもらえるような応対を目指します。そのときどきの状況や職種、お客さまに合わせたサービスの仕方を考えます。

■お客さまが購入を決めかねている場合の応対例

　スタッフの提案やアドバイスが決め手となります。商品を販売したい気持ちが先走って、押し付けにならないように気を付けましょう。

　①どのような場面で使うのかを尋ねる。
　②贈り物の場合、相手の希望に沿えなければ交換が可能であると伝える。
　③服飾などの場合は、季節感の出し方やコーディネートをアドバイスする。
　④試着して雰囲気や着心地を確かめてもらう。
　⑤シャツやセーターなどは、サイズ・色違いの交換が可能であると伝える。
　⑥ネクタイの場合は、お客さまの手持ちのスーツに合う色合いや柄を伝える。

　提案やアドバイスがお客さまにとって役に立つかどうかが、応対のポイントになります。**お客さまが求めているのは何か**という視点を忘れないことです。検定試験でも、この点を踏まえた問題が数多く出題されています。

■AIDMA（アイドマ）心理

　AIDMA心理とは、お客さまが商品に注目してから購入に至るまでの心理のプロセスを表すものです。

Attention（注目）……商品に注目する

Interest（興味）………商品に興味を持つ

Desire（欲求）…………欲しい、使ってみたいと思う

Memory（記憶）………商品やスタッフのアドバイス・説明を記憶する

Action（行動）…………購入を決定し、スタッフに伝える

＊Actionを起こしてくれたお客さまに対し、「ありがとうございます」という感謝の気持ちを伝えることが大切。そこでの応対が、次の来店・購入につながる。

お客さま応対の中心となるのは、**気が利いているか、気遣いや配慮がある**かどうかです。ここでは職種別の応対例を挙げてみます。

百貨店やスーパーマーケット

・売場を探しているお客さまを、手が空いていたらその場所まで案内する。
・品物を探しているお客さまの場合は、該当する売場のスタッフに応対を引き継ぐ。
・ポイントカードや駐車券を利用するかどうか尋ねる。

飲食店

・常連のお客さまの場合は、「いつもありがとうございます」と言葉を添えて案内する。
・子ども連れのお客さまの場合は、他のお客さまより少し離れた席を案内し、気兼ねなく過ごしてもらえるようにする。
・雨の日は、タオルを用意して来店したお客さまに手渡す。
・満席の場合は、待ち時間中にメニューを選んでもらい、お客さまを席に通した際すぐに提供できるようにする。

ホテル

・利用目的を尋ね、目的に合った施設の設備を案内する。
・長期滞在するお客さまには、付近の施設や店の情報を伝える。

タクシー

・大きな荷物を持ったお客さまの場合は、停車後に荷下ろしを手伝う。
・雨の日の停車位置は、水溜まりを避ける。

専門店

・商品販売時に、使用時によくある困ったときの対処法を伝える。
・修理を受けた後、修理費が見積額より高くなる場合は、修理前に連絡する。

　お客さまに「この店に来てよかった」と思ってもらえる応対は、お客さまの気持ちを酌み取ろうとするサービススタッフの姿勢から生まれます。決して**親切の押し売り**にならないように気を付けましょう。

2 接客以外のサービスの種類

　サービスの種類には、直接お客さまに対面する以外にも、次のようなものがあります。

■ 商品の陳列

・配置や並べ方を考えて整理整頓する。

・お客さまが手に取りやすいよう、見やすく、分かりやすく並べる。

■ 商品の保持

・品質が劣化しないよう、温度や湿度を一定に保つ。

・ほこりの付着や変色が起きないように気を付ける。

■ 商品の管理

・商品の在庫が切れないように、売れ筋の商品を調べておく。

・商品の種類や在庫数を正しく把握しておく。

■ 環境整備

・空調の設定や BGM の音量に気を配る。

・天候によって備品（傘カバーや傘立てなど）を用意する。

　お客さまの目に見えないところで準備や整備をすることもサービスです。**お客さまを店に迎える前**から、サービスは始まっているのです。

・ま と め・ サービスの種類①

　サービスは、お客さまの来店前から始まっています。お客さまに満足してもらうための応対にはさまざまな形態がありますが、お客さまへの思いやりが必ず土台になります。

●サービス別の具体的な事例について考えてみます。○か✕で答えましょう。

事 例	答えと解説	
① **ギフトショップの店員** 何を贈るとよいかを尋ねられたときは、自分の好みの物を贈るのが無難だと提案している。	何を贈るとよいかという質問を受けた場合は、まずは贈る目的を尋ねる。その上で何を贈るかを一緒に考えることが大切。	✕
② **スーパーのレジ係** 袋を持参し、レジ袋は不要と言うお客さまには、よければこちらで品物を入れようかと尋ねている。	品物を入れてあげることはよいこと。しかし、中には自分で入れたいお客さまもいるので、入れるかどうか尋ねるのがよい。	○
③ **家電量販店のスタッフ** 担当の売り場以外でも、店舗で取り扱っている商品を把握しておくことは商品管理の一環である。	担当外の商品であっても取り扱いがある商品を把握しておくと、お客さまからの質問にスムーズに対応できる。	○
④ **テークアウト可能な料理店の店員** テークアウトの料理を入れる紙袋は、大量の料理にも対応できるよう大きなものを使っている。	大きな紙袋は料理が少ないときに不便である。注文量に合わせられるよう、いくつかのサイズを用意することが適切である。	✕
⑤ **理容師** お客さまの愚痴をひたすら聞くのもサービスの種類の一つである。	話したいというお客さまの気持ちに応えることは、サービスの種類の一つといえる。	○
⑥ **保守点検員** 器具の損傷や劣化を見付けた場合は、危険の度合いを説明して修理や交換を提案している。	危険を察知した場合、予測される事例を伝えてお客さまに納得してもらうことが安全の確保につながる。	○
⑦ **建築会社の社員** 新築物件の周辺情報を集めることもサービスである。	物件の周辺情報を提供することも、サービスである。	○

慣れるがイチバン！
選択問題

● 本試験と同じ五肢択一の問題にトライしましょう。

次は時計専門店の店員八木香苗が、商品の選択で迷っているお客さまに行っていることである。中から<u>不適当</u>と思われるものを一つ選びなさい。

(1) お客さまに似合いそうな商品を数点取り上げ、その中から気に入るものを選んでもらっている。

(2) お客さまの好みを尋ねた上で何点か絞って提示し、気持ちを急かさないよう「ごゆっくりお選びください」と声を掛けている。

(3) 購入目的をお客さまに尋ね、お客さまの希望に沿った人気商品を紹介している。

(4) お客さまに好みを尋ねた上で薦めた商品であっても、お客さまが一向に決断できない場合は、自分の好みで商品を選んであげている。

(5) お客さまが自ら選んだ商品を比べて迷っているときは、それぞれの商品の特長を説明し、選択の参考にしてもらっている。

答え (4)

解 説

(1) 適当。迷っているお客さまからすると、プロの視点で選択肢を絞ってもらうことは決断のきっかけになる。

(2) 適当。お客さまに落ち着いて選んでもらうための配慮である。

(3) 適当。お客さまの希望を聞いた上で売れ筋商品を紹介するのであれば、お客さまの商品選択の一助になる。

(4) 不適当。お客さまが決められないからといって、スタッフの好みで選んでよいことにはならない。数を絞るなど決断の補助をするのがスタッフの役割である。

(5) 適当。商品の特長を説明することで、お客さまの判断材料が増える。

サービスの種類②

医療・介護関係のサービスとは、どのようなものをいうのでしょうか。次の例を見てみましょう。

①診療後

〇〇様、お会計〇〇円です

左の受付スタッフの悪い点

・患者さんの顔を見ていない
・無表情で事務的な応対

よい応対

目を合わせ、**「お疲れさまでした」**、**「お待たせしました」** と笑顔でやさしく話し掛ける

②予約日の調整

〇月〇日の〇時に予約したいのですが

その日はもういっぱいです

左の受付スタッフの悪い点

・無表情で威圧的（いあつてき）な印象
・患者さんの都合への配慮がない

よい応対

なるべく患者さんの都合に合わせられるよう調整する。できないときはお詫びして別日を提案し、同意を得たらお礼を言う

③見送り

お大事に

左の受付スタッフの悪い点

・作業しながらの応対
・無表情で気遣いが感じられない

よい応対

ながら作業は無視されている印象を与える。**手を止めて、患者さんの方に身体を向け** 「お大事になさってください」と話し掛け、やさしく見送る

イラストのような応対をしていては、あっという間に悪いうわさが広がり、医院の評判は下がってしまいます。

対人援助職と呼ばれる医療・介護関係者は、相手の心模様に合わせた**いたわりのサービス**が求められます。患者さんが**安心**できるやさしい表情と穏（おだ）やかな口調で、相手を気遣う言葉を掛けつつ**寄り添う姿勢**が必要です。

いたわりのサービスには、他にも次のようなものがあります。

■薬剤師

・処方箋を受け付けるときは、今の状況を尋ね、体調を気遣う。

・薬を渡すときは袋から出し、服用に間違いがないよう一つずつ確認しながら説明する。

・患者さんが帰るときには「お大事になさってください」と言葉を掛ける。

■特別養護老人ホームのスタッフ

・同じ話を何度もされたり、聞かれたりしても、嫌がらずに応対する。

・利用者を人生の先輩として尊重し、やさしく接する。

いたわりのサービスとは単に患者さんを励ますだけではないことを押さえておきましょう。

　ここでは主に医療・介護関係職でのいたわりのサービスについて説明しましたが、他の職種では、どのような応対が求められるでしょうか。

　例えばプログラマーなどの技術職は、直接お客さまと対面することはなくとも、利用者のことを考えて技術の向上を図らなければなりません。また、公共サービス職は、税金が使われていることからお客さまの目は当然厳しくなります。スタッフは、その点を肝に銘じることが必要です。

・まとめ・ サービスの種類②

　職種や立場、状況によって適切な応対の仕方は異なります。それぞれの状況に応じて何が求められているのかを考え、お客さまの満足につながるよう行動しましょう。

●サービス別の具体的な事例について考えてみます。○か✗で答えましょう。

事　例	答えと解説	
① **病院の事務スタッフ** 入院病棟で、病室を探している様子の人を見掛けた場合、こちらから声を掛けている。	困っている様子の人を見掛けたら積極的に声を掛け、応対することがサービスである。	○
② **役所の窓口スタッフ** 利用者の用件を聞き、窓口を間違えていると気付いた場合は、正しい窓口を伝えるだけでよい。	正しい窓口を伝えるだけでは不十分。正しい窓口の担当者に引き継ぐ配慮があると利用者に喜んでもらえる。	✗
③ **病院の看護師** 顔見知りの患者さんには、最近の体調はどうかと尋ねるのもサービスである。	患者さんにとって、自分の病状を気に掛けてくれていると感じる言葉掛けは嬉しいものである。	○
④ **耳鼻咽喉科の受付** 予約の電話を受けるときは、症状と希望日を尋ねた後、こちらの都合を伝えている。	予約を受けるときは、まずもって患者さんの都合を尋ねることが大切である。	○
⑤ **訪問介護サービスのスタッフ** お年寄りのお客さまとの会話では、同じ話を繰り返されても遮らずに応対している。	話を聞いてほしいというお客さまの気持ちに応えることもサービスである。	○
⑥ **薬局の薬剤師** 薬を渡すときに「お大事に」と声を掛ければ、いたわりのある応対として十分である。	声掛けだけでは不十分。患者さんが間違えて服用しないよう服用方法を説明することなどが、いたわりのある応対である。	✗
⑦ **弁当宅配サービスのスタッフ** 弁当ばかりで飽きてしまったと言うお年寄りに、調理師に悪いので食べてもらえないかと伝えた。	作り手に悪いから食べてほしいというのは、弁当を食べることが嫌になっているお年寄りの気持ちに寄り添えていない。	✗

慣れるがイチバン！
選択問題

● 本試験と同じ五肢択一の問題にトライしましょう。

11日目

Ⅱ 専門知識

サービスの種類②

病院の事務スタッフ吉田千秋は先輩から、「事務スタッフも思いやりを持って行動するように」と言われた。次は吉田が考えた思いやりのある行動である。不適当と思われるものを一つ選びなさい。

(1) 待合室にひどく体調の悪そうな様子の患者さんがいるときは、注意深く見守ることではないか。

(2) 会計時に、「お待たせいたしました」、「お大事になさってください」と声を掛けることではないか。

(3) 病状を心配していそうな患者さんには、「先生に何でも聞いてみてください」と声を掛けることではないか。

(4) 「会計に時間がかかり過ぎだ」と不満を言う患者さんには、「ご不便をお掛けして申し訳ございません」と丁寧に詫びることではないか。

(5) 待合室で時計をしきりに見て待っている患者さんには、「時間がかかるのは仕方がないので、気長にお待ちください」とやさしく話し掛けることではないか。

答 え (5)

解 説

(1) 適当。待合室の患者さんの様子を注意深く観察するのも仕事のうちである。

(2) 適当。患者さんを気遣う言葉を掛けることは思いやりのある行動である。

(3) 適当。患者さんを思いやる行動として、不安を和らげる言葉掛けをすることも必要である。

(4) 適当。不満を言う患者さんにきちんと詫びるなど、丁寧に対応できる心の広さを持つことは大切である。

(5) 不適当。仕方がないのは事実だが、気長に待てと言うのは思いやりのある行動とはいえない。待ち時間が長引いている理由を話して納得してもらうことが、思いやりのある行動といえる。

あなたならどうする？

プレミアム
ラケット

ノベルティ

タイアップ

Q お客さまが話している言葉の意味は？

1 商業用語

　サービス業には数多くの特殊な言い回しがあります。サービススタッフとして、言葉の意味や使い方を正しく理解しておきましょう。ただし、**お客さまに専門用語を使うことは原則として避ける**ことが大切です。

■ 値段に関する用語

□ 言い値	売り手の言う通りの値段
□ 卸値	メーカーや卸売業が小売店に卸売りするときの取引価格
□ 掛け値	実際の価格より高く付ける値段
□ 時価	そのときの値段
□ 捨て値	損を覚悟して付ける値段
□ 正価	掛け値なしの値段
□ 定価	前もって決められた価格
□ 特価	特別に安い値段
□ 値頃	購入に見合った値段

元値（原価）	売り手が商品を仕入れた値段
廉価	安い値段

■ 店舗に関する用語

元祖	商品を最初に作って販売を始めた店、創始者
老舗	昔から代々続いている店
本舗	商品を製造・販売する大本の店
屋号	店の名称、呼び名

■ お客さまに関する用語

一見の客	初来店のお客さま
お持たせ	来客が持ってきた土産物を敬った言葉
上客	お得意さま
常客	常連のお客さま
先客	先に来ているお客さま
ひいき筋	店を特に引き立ててくれるお客さま

■「金」、「銭」の付く用語

頭金	分割払いで最初に払う、ある程度まとまったお金
あぶく銭	働かずに得たお金
内金	契約の印に代金の一部として前もって払うお金
裏金	取引を有利にするため、表に出さずにやりとりするお金
元金	商売を始めるための資金。また、お金の貸し借りの元になるお金
捨て金	効果や返済を期待せずに使う、捨てたと同様のお金
たばこ銭	たばこ一箱を買うくらいのわずかなお金
手付金	契約実行時の保証として渡すお金
はした金	ごくわずかな額のお金
保証金	責任を負う証拠として支払うお金
礼金	謝礼として支払うお金

■ 品物に関する用語

☐ 売れ筋商品	同類の商品の中でよく売れている品
☐ お勤め品	特別に値引きして売る品
☐ 型落ち品	新型が出たため旧型になった品
☐ 季節品	特定の季節に売り出される商品のこと
☐ 試供品	試しに使用してもらうために無料で提供する品
☐ 嗜好品	コーヒーや酒など、個人の好みで味わいを楽しむ食料や飲料のこと
☐ 質流れ品	質屋に担保として預けられ、返済されなかったために質屋のものになった品
☐ 上物	上等の品
☐ 絶品	極めて優れた品物のこと
☐ 定番商品	流行に関係なく安定して売れる品
☐ 初荷	正月の商い初めの日に美しく飾って出荷する品
☐ 端物	一組にまとまらない半端な品
☐ 引き出物	祝宴で招待客に贈る品物のこと
☐ 非売品	売り物ではない品
☐ 見切り品	売れる見込みがないとして安く売る品
☐ 目玉商品	客寄せ目的のため特別に安く売り出す品
☐ 訳あり品	使用・消費に問題はないが、傷や汚れなどで通常の販売ができないことから安く売られる品

■ 販売に関する用語

☐ 売り掛け（掛け売り）	後で代金を受け取る約束で品物を売ること
☐ 売れ足	売れ行きの早さや度合い
☐ 売れ口	販路。商品の売れていく先
☐ 卸売り	生産者から仕入れて小売店に売り渡すこと
☐ 買い掛け	一定の期日に代金を支払う約束で品物を買い取ること
☐ 競売（競り売り）	買い手に値段を競わせて最も高く値付けした人に売ること。オークション

☐ 実演販売 じつえんはんばい	実際に商品を使って説明しながら売ること
☐ たたき売り	台をたたきつつ威勢よく口上を述べながら少しずつ値引きして売ること。大安売り
☐ 棚卸し たなおろ	商品の在庫数を調べること
☐ 通信販売 つうしんはんばい	電話やインターネットなどの通信手段を使って注文を受ける販売方法
☐ 店舗販売 てんぽはんばい	店を構えて商品を売ること
☐ 投げ売り（捨て売り／ 棚ざらえ／蔵払い） な う す う たな くらばら	在庫を片付けるために損を覚悟して安く売り出すこと
☐ 二束三文 にそくさんもん	数が多くても値段が極めて安いこと
☐ 値切り ね ぎ	買い手が売り手に値引きを交渉すること
☐ 値踏み ね ぶ	値段を見積もって付けること
☐ 量り売り はか う	買い手の求める量を量って売ること
☐ 初売り はつう	新年初の売り出しのこと
☐ 勉強する（まける） べんきょう	値引きして売ること
☐ 無人販売 むじんはんばい	スタッフを使わず、自動販売機などで商品やサービスを販売すること

■ 店舗の営業に関する用語

☐ 決算 けっさん	一定期間の経営成績や財政状況をまとめる作業のこと
☐ 五十日 ごとおび	ひと月のうち五と十が付く日。納金日の期日に設定する企業が多い
☐ 自転車操業 じてんしゃそうぎょう	借り入れと返済を繰り返しながら、なんとか経営を続けている状態
☐ 二八 にっぱち	二月と八月のこと。商売が低迷し、不景気な月とされる
☐ 年商 ねんしょう	一年間の総売上高のこと

2 経済用語

　次に挙げるのは、社会における経済活動で使われる用語の一例です。この他にも、ニュースを見聞きした際などに、知らない用語があれば意味と併せて覚えるようにしましょう。

□ アドバンス	前払い金、手付金
□ エンドユーザー	最終消費者
□ ギャランティー	出演料、契約料
□ クライアント	顧客、得意先、依頼先など
□ コスト・パフォーマンス	支出に対して得られた満足度の割合
□ シェア	市場占有率
□ バイヤー	商品の仕入れを担当する人
□ パテント	特許権
□ プライス	価格
□ ブランド	商標、銘柄
□ マーケット	市場（マーケティングは市場調査）
□ マージン	販売利益、販売手数料、利ざや
□ マーチャンダイジング	需要に合わせた商品を仕入れ、適正な価格で市場に販売していく一連の商業活動
□ メーカー	製造元
□ モニター	新製品を使用し、品質などに意見を出す人
□ リベート	手数料、世話料、代金の一部を支払者に戻すこと、割戻金
□ ローン	貸付金

　商業用語・経済用語ともによく出題される用語を掲載しています。実際の試験問題では、用語だけが出題される場合とお客さまへの応対問題の中で用語の知識が問われる場合があります。正しい意味や使い方を理解しておきましょう。

3 組織構成 ＊2級のみの出題内容です

　多くの会社組織では、指示を効率よく伝達するためトップマネジメント（経営層）のもと役割別に細かく部門が分けられ、**階層化**されています。部門の名称や数は組織によってさまざまですが、一般的にはライン部門とスタッフ部門に分かれています。

組織図（販売業の場合の一例）

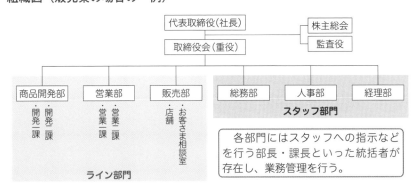

　例えば、販売業の場合、商品の商品開発部や販売部など、**会社の売上に直接かかわる部門をライン部門**といい、総務や人事、経理部などの**ライン部門を支える間接的な部門をスタッフ部門**といいます。なお、小規模の場合はそれぞれの役割を兼務する場合があります。

　試験では、発注ミスやクレームなどが発生した場合、誰の指示を仰ぐかを問われる問題が出題されます。基本的な組織構成を理解しておきましょう。

Q の Best Answer　「プレミアム」…特別仕様の、高級な。「ノベルティ」…宣伝用の無料の品。「タイアップ」…提携。

・まとめ・　従業知識

　古くから商業で使われている言葉はもちろん、新しい用語も新聞やインターネットなどで積極的に学んでいくのがサービススタッフの仕事です。

 **問題** ●商業用語、経済用語の使い方が正しければ〇、誤りなら✕で答えましょう。

問　題	答えと解説	
① 先月「売り掛け」で納品した品物の代金が今月入金された。	売り掛けは、後で代金を受け取る約束で品物を売ることを指す言葉である。	〇
② 「見切り品」として販売するので、定価で見込んだ利益は期待できない。	見切り品は、売れる見込みがないとして安く売る品を指す言葉である。	〇
③ そんな「あぶく銭」のために働くのは、気が進まない。	あぶく銭は、働かずに得たお金のこと。この場合は、ごくわずかな額のお金を意味する「はした金」が適切である。	✕
④ この茶碗は有田焼の「絶品」なので、お客さまに自信を持って薦めることができる。	絶品とは、極めて優れた品物を指す言葉である。	〇
⑤ マンションの売買契約が成立し、買主が売主に「リベート」を支払った。	リベートは、手数料や世話料のこと。この場合は、契約実行時の保証として渡すお金を指す「手付金」が適切である。	✕
⑥ いかに「エンドユーザー」からのクレームを少なくするかが、企業の収益を左右する。	エンドユーザーは最終消費者のことであり、実際に商品を使って利益または不利益を受ける人を指す。	〇
⑦ 好みに合う商品だが値段が高いので、「勉強」してくれないと買えない。	勉強は、商品を値引きして売ることを指す言葉である。	〇

慣れるがイチバン！
選択問題

●本試験と同じ五肢択一の問題にトライしましょう。

次は用語とその意味の組み合わせである。中から不適当と思われるものを一つ選びなさい。

⑴　上客　　　＝　お得意さま

⑵　一見の客　＝　通りすがりのお客さま

⑶　ひいき筋　＝　店を特に引き立ててくれるお客さま

⑷　先客　　　＝　先に来ているお客さま

⑸　常客　　　＝　常連のお客さま

答え　⑵

解説

⑴　適当。

⑵　不適当。一見の客とは、初来店のお客さまを指す言葉である。

⑶　適当。

⑷　適当。

⑸　適当。

チャレンジ！　級別 実践問題

〈3級〉

1　ホテルに勤務している松山賢一は先輩から、お客さま応対の仕方をマニュアルに基づいて教えられた。次はそのとき、マニュアルの必要性について言われたことである。中から不適当と思われるものを一つ選びなさい。

(1) スタッフによってお客さま応対の仕方に差が出ないようにするため。

(2) 応対の仕方を統一することで、お客さまにスタッフの個性を感じさせないようにするため。

(3) 応対の基準を明確にして、あらゆるお客さまに満足してもらうため。

(4) 基本的なお客さま応対の仕方について、スタッフが効率よく覚えられるようにするため。

(5) マニュアルを基本として、スタッフによりよいお客さま応対を意識させるため。

2　高藤礼子が勤務するヨガ教室は予約制である。次は、高藤が行っている予約に関する応対である。中から不適当と思われるものを一つ選びなさい。

(1) 予約日時を変更したいという電話には、変更する日時が決まった後、連絡をくれたことに対して礼を言っている。

(2) 予約をしたのに教室に来ないことが続くレッスン生には、予約日の前日に電話をかけ、都合を確認している。

(3) レッスン生が予約時間に遅れた場合は、間に合わないのであれば次回から予約時間を少し遅らせてはどうかと尋ねている。

(4) 予約日時の変更は、日時に余裕が持てる変更であれば、何度でも快く応じている。

(5) 予約を希望して電話をしてきたレッスン生には、希望日を尋ねた後にこちらの都合を伝えている。

〈答えと解説〉

〈3級〉

1 (2)　より高いレベルでお客さまに応対するには、さまざまなお客さまの個性に合わせてスタッフも個性を発揮する必要がある。

2 (3)　予約時間に遅れたからといって、次回も必ず遅れるとは限らない。次回から遅らせておこうかと尋ねるのは嫌みに受け取られかねない。

〈2級〉

1 次はホテルのフロント係川上優子が、日ごろ心掛けているお客さまに合わせた応対方法である。中から不適当と思われるものを一つ選びなさい。

(1) 夜遅くに到着したお客さまには、「お疲れさまでございました」とねぎらいの言葉を掛けるようにしている。

(2) 子ども連れのお客さまには、ホテル内のショップでキャラクターグッズを販売していることを伝えるようにしている。

(3) 以前宿泊したことがあるお客さまには、「毎度ご利用いただきありがとうございます」と礼を言うようにしている。

(4) 近隣の美味しい食事場所について尋ねられたときは、最初にホテル内のレストランを薦めるようにしている。

(5) 曇天時に外出しようとするお客さまには、貸出用の傘があることを伝えている。

2 次は看護師の村本康生が、患者さんに満足してもらえる応対の仕方について考えたことである。中から不適当と思われるものを一つ選びなさい。

(1) 毎朝の検温時には、明るい笑顔と穏やかな口調で話し掛けるとよいのではないか。

(2) ふさぎこんでいる患者さんには、必ず励ましの言葉を掛けるようにしてはどうか。

(3) 消灯時間を過ぎても不安から就寝できない患者さんには、少し寄り添ってあげたらよいのではないか。

(4) 患者さんから対応できない要求をされたときは、理由を丁寧に伝えてやんわりと断るようにしたらどうか。

(5) ベッド周りが散らかっている様子を見掛けたら、声を掛けて片付けを申し出てはどうか。

〈答えと解説〉

〈2級〉
1 (4) 先にホテル内のレストランを薦めることは、近隣の食事場所を知りたがっているお客さまの要望に反している。近隣の店の紹介後であれば薦めてもよい。

2 (2) 看護師としてのサービスの目的は患者さんに安心と安全を提供することである。むやみに励ましたりせず、ときには見守ることも必要である。

過剰なサービス

　銀行で、窓口での手続きの順番待ちをしているときのことです。フロア係がクレジットカードのキャンペーンについて説明しに来ました。彼女が好印象だったため、待ち時間に説明を聞くことにしました。

　そのうち私の窓口での順番がやって来たので、やんわりと断るつもりで「あとは自分でやります」と言い、席を立つと彼女が一緒についてきました。「念のために」、「間違いやすいので」、「すぐ終わります」などと説明を続けようとするのです。

　そこで、私が「結構です」と言うと、「では、手続きが終わるのをお待ちします」とまで言い始めました。せっかくのセールストークもここまでくると押し付けです。スタッフのサービスが過剰になり、不快な気持ちを生んでしまった「アウト！」な瞬間でした。

　お客さまの「結構です」の真意を探るには、お客さまの様子に真摯に関心を向けることが大切です。真摯とはひたむきなことを指しますが、ひたむきさの対象が自分の仕事になってしまうと、お客さまへのサービスは過剰になります。対象はどこまでもお客さまであるべきです。

> 自分が話をするときには頭を使い、お客さまの話を聞くときには心を使いましょう。

一般知識

サービススタッフは、スタッフである前に一人の社会人です。
第Ⅲ章では、社会人として踏まえておきたい
必要な知識を確認します。
伝統的な慣例とその意味を含め、昔から言い伝えられている
ことわざや慣用句、物の名称など日本語の知識を学びます。
また、一般的に日常会話の中に登場するカタカナ用語を知って
おくことも大切です。

うちは、ワンストップ・ショッピングできるから、コンシューマーにとってメリットがあるんだ

ことわざ・慣用表現

あなたならどうする？

「枯れ木も山の賑わい」だね

Q 抽選会の準備中に、末等のティッシュをたくさん並べたら、店長から「枯れ木も山の賑わい」と言われた。このことわざの意味は？

■ ことわざ・慣用表現

　ことわざや慣用表現は、お客さまとの関係を良好にするコミュニケーションツールです。サービススタッフとして、一般的なものを押さえましょう。

■一般的なことわざ・慣用表現

□青は藍より出でて藍より青し	弟子が師より優秀なこと
□商いは牛のよだれ	商売は気長に努力するとよいということ
□あぶはち取らず □二兎を追う者は一兎をも得ず	一度に二つのものを得ようと欲を出すと、どちらも得られないということ
□案ずるより産むが易し	考えすぎてためらうより、実行してみれば意外とすらすら運ぶことが多いということ
□魚心あれば水心	相手の出方によって応じる心得があること
□海老で鯛を釣る	少しの労力や元手で大きな利益を得ること
□風が吹けば桶屋が儲かる	意外なところに影響が出ること。あてにならない期待をすること

☐ 人間万事塞翁が馬	人生の幸不幸は予測できないということ
☐ 勘定合って銭足らず	理論と実際が一致しないこと
☐ 漁夫の利	当事者同士が争っているうちに第三者が横取りすること
☐ 怪我の功名	失敗や何気なしにしたことが、偶然いい結果を生むこと
☐ 紺屋の白袴	他人のためにばかり忙しく、自分のことにはかまっていられないこと
☐ 釈迦に説法	よく知り尽くしている人に教えることは愚かであるということ
☐ 過ぎたるは猶及ばざるが如し	度を過ぎたことは足りないことに等しいこと
☐ 急いては事を仕損じる	急いで事にあたると失敗が多いこと
☐ 他山の石	たいして役に立ちそうにないと見えても、生かし方次第では役に立つこと
☐ 捕らぬ狸の皮算用	まだ入手しないうちからあてにすること
☐ 情けは人の為ならず	情けを人に掛けておけば、巡り巡って自分によい報いが必ず来ること
☐ 濡れ手で粟	苦労せずに多くの利益を得ること
☐ 猫に小判 ☐ 豚に真珠	どんなに貴重なものでも、その価値が分からない者にとっては無意味であること
☐ 百聞は一見に如かず	人の話を何度も聞くよりも一度実際に見た方が確実ということ
☐ 笛吹けど踊らず	手を尽くして働き掛けたが、人が一向に誘いに乗ってこなかったということ
☐ 負けるが勝ち	相手に勝ちを譲って争わないことが、長い目で見れば自分の利益になること
☐ 昔取った杵柄	若い頃に一度習い覚えたことは、年月を経ても発揮できるということ
☐ 横車を押す	無理に物事を押し通そうとすること
☐ 李下に冠を正さず	人から疑われるような行動は慎むべきだということ

■ 体の一部を使った慣用表現

頭	☐ 頭が上がらない	対等に振る舞えない、かなわないこと
	☐ 頭が下がる	感心させられること
	☐ 頭ごなし	相手の言い分を聞かず一方的に決め付けること
	☐ 頭打ち	これ以上は上に上がらないこと
	☐ 頭を抱える	心配なことや悩みごとがあり途方にくれること
顔	☐ 顔が利く	相手に無理を言える信用や力を持っていること
	☐ 顔を売る	世間に広く知られようとすること
目	☐ 目が高い ☐ 目が肥えている	善しあしを見分ける力を持っていること
	☐ 目に余る	程度がひどくて黙って見ていられないこと
	☐ 目端が利く	その場に応じて機転が利くこと
	☐ 目から鼻に抜ける	頭の回転が速く、利口で賢いこと
	☐ 目をかける	ひいきにする、かわいがって面倒をみること
眉	☐ 眉をひそめる	不快感をあらわにすること
	☐ 眉に唾をつける	だまされないように用心すること
鼻	☐ 鼻で笑う	相手を見下してあざけり笑うこと
	☐ 鼻が利く	利益になりそうなことを巧みに見付けること
	☐ 鼻を明かす	出し抜いて人をあっと言わせること
口	☐ 口八丁手八丁	しゃべることもすることも非常に達者であること
	☐ 口が堅い	言ってはいけないことを他言しないこと
	☐ 口を利く	仲介すること、紹介すること
	☐ 口が減らない	あれこれ理屈を並べて言い返すこと
	☐ 口を濁す	話をあいまいにしてごまかすこと
歯	☐ 歯に衣着せぬ	遠慮せずにものを言うこと
	☐ 歯が立たない	相手の技量が自分よりはるかに超えていること
舌	☐ 舌先三寸	口先だけでうまく相手をあしらうこと
	☐ 舌の根の乾かぬうち	少しの間もおかずに、前言と反したことを言ったりしたりすること

	慣用句	意味
耳	☐ 耳が痛い	自分の弱点を突かれ、聞くのがつらいこと
	☐ 耳にさわる	聞いていて不快であること
	☐ 耳を疑う	聞いたことが信じられないこと
手	☐ 手に余る	自分の能力では及ばないこと
	☐ 手を焼く	困ること。手こずること。持て余すこと
	☐ 手をこまねく	何もできかねて傍観していること
指	☐ 指をくわえる	羨ましがりながら手が出せないこと
	☐ 指を折る	指を折りながら数えること
爪	☐ 爪を研ぐ	野心を抱いて待ち構えること
	☐ 爪に火をともす	貧しく、つましい生活をしているさま
肩	☐ 肩身が狭い	世間に対して引け目を感じること
	☐ 肩を持つ	味方すること
胸	☐ 胸がすく	心中のつかえがなくなり、晴れやかになること
腹	☐ 腹をくくる	覚悟すること
	☐ 腹が痛む	自腹を切ること。身銭を切ること
	☐ 腹が据わる	物事に動じないこと
足	☐ 足が早い	腐りやすいこと。売れ行きがよいこと
	☐ 足元にも及ばない	相手があまりにすぐれていて全くかなわないこと
	☐ 足元を見る	相手の弱みに付け込むこと
	☐ 足が出る	予算を超えた支出になること
膝	☐ 膝を交える	親しく同席すること
	☐ 膝を進める	乗り気になること
尻	☐ 尻に火がつく	物事が差し迫ってあわてふためくさまのこと

Q の **Best Answer** あっても無くてもいいような物でも、数の中に加えておけば無いよりはましであるということ。つまり、末等のティッシュでも並べておけば賑やかしになるということ。

 試験では、語句とその意味を問うような問題が出題されるよ。

問題 ●次のことわざ、慣用表現について ○か✕で答えましょう。

問題	答えと解説	
① 「急いては事を仕損じる」とは、慌てるとかえって失敗しやすいという意味である。	類義語に「急がば回れ」がある。	○
② 「商いは牛のよだれ」とは、商売はよだれほどしか儲からないという意味である。	「商売は気長に辛抱強くやりなさい」という意味である。	✕
③ 「漁夫の利」とは、漁師のように儲かるときもあればだめなときもあるというたとえである。	当事者同士が争っているうちに第三者が利益を横取りすることである。	✕
④ 「李下に冠を正さず」とは、誤解を生むような行動は慎むようにしなさいという意味である。	同義語に「瓜田に履を納れず」がある。	○
⑤ 「紺屋の白袴」とは、釣り合わないことをしても所詮無駄であるという意味である。	他人のためにばかり忙しくして、自分のことにかまっていられないことである。	✕
⑥ 「上手の手から水が漏る」とは、どんな上手な人でも、ときには思わぬ失敗をするという意味である。	同義語に「弘法も筆の誤り」、「猿も木から落ちる」がある。	○
⑦ 「笛吹けど踊らず」とは、盛り上げても無駄だったという意味である。	手を尽くして働き掛けたが、人が乗ってこなかったという意味である。	✕

問　題	答えと解説	
⑧「目に余る」とは、見ていて飽きてくることをいう。	ひどくて黙って見ていられないことである。	×
⑨「指を折る」とは、待ち遠しくてたまらない様子をいう。	指を折りながら数えることである。	×
⑩「あの人は腹が据わっている」とは、覚悟ができているという意味である。	覚悟して物事に動じない様子である。	○
⑪「爪に火をともす暮らし」とは、貧乏でつましい暮らしをしているさまである。	非常に貧しく倹約している暮らしの様子である。	○
⑫「胸がすく思いだ」とは、失望してぽっかり穴があいたことをいう。	心の中がすっきり晴れやかになることをいう。	×
⑬「肩身が狭い」とは、よくないことをして引け目を感じることである。	似た表現に「合わせる顔がない」、「面目ない」、「見せる顔がない」などがある。	○
⑭「膝を交える」とは、会議などでぶつかり合うことをいう。	親しく同席することである。	×

慣れるがイチバン！
選択問題

● 本試験と同じ五肢択一の問題にトライしましょう。

1 用語と意味の組み合わせが<u>不適当</u>なものを次の中から一つ選びなさい。

(1) 頭を抱える　　＝困ったことで悩み、思案にくれること
(2) 頭が上がらない＝恥ずかしくて顔を上げられないこと
(3) 頭を冷やす　　＝冷静になること
(4) 頭打ち　　　　＝これ以上、上に上がらないこと
(5) 頭ごなし　　　＝相手の意見も聞かず一方的に決め付けること

2 お金に関係のある慣用表現を次の中から一つ選びなさい。

(1) 足が早い
(2) 足元にも及ばない
(3) 足がつく
(4) 足が出る
(5) 足元を見る

3 語句の意味が適当なものを次の中から一つ選びなさい。
大風呂敷（おおぶろしき）を広げる

(1) 嘘（うそ）を言うこと
(2) 自慢話をすること
(3) 実際より大げさに言うこと
(4) 夢を語ること
(5) 大勢の前で話すこと

答えと解説

1 (2) 「頭が上がらない」は、相手にかなわないこと。

2 (4) 「足が出る」は、予算オーバーのこと。「足が早い」は、腐りやすい、売れ行きがよいこと。「足元にも及ばない」は、相手がすぐれていてかなわないこと。「足がつく」は、逃亡者の足取りが分かること。「足元を見る」は、相手の弱みに付け込むこと。

3 (3)

4 「餅は餅屋」の意味として適当なものを次の中から一つ選びなさい。

(1) 一度習い覚えたことは、年月を経てもその腕前は変わらない

(2) 価値が分からない人に意見をしても無駄だ

(3) 先を見通す力がある

(4) その道の権威に対して、教えることは愚かである

(5) 経験豊かな専門家には、素人はかなわない

5 用語と意味の組み合わせが適当なものを次の中から一つ選びなさい。

(1) 鼻につく　　＝不快に感じること

(2) 鼻であしらう＝注意深く見ないこと

(3) 鼻を折る　　＝がっかりすること

(4) 鼻で笑う　　＝遠慮すること

(5) 鼻が利く　　＝口利きすること

6 商売に関する慣用表現を次の中から一つ選びなさい。

(1) 食指が動く

(2) 閑古鳥が鳴く

(3) 油を売る

(4) 犬に論語

(5) のれんに腕押し

答えと解説

4 (5)　(1)昔取った杵柄。(2)馬の耳に念仏。(3)先見の明。(4)釈迦に説法。

5 (1)　(2)相手を軽視すること。(3)得意顔の相手をへこませて、恥をかかせること。(4)相手を見下してあざけり笑うこと。(5)利益になりそうなことを巧みに見付けること。

6 (2)　お客さまが来なくて、商売が繁盛しないこと。(1)食べたくなること。(3)無駄話をして仕事が進まないこと。(4)効果がなく無意味なこと。(5)手応えがないこと。

あなたならどうする？

六曜って
何ですか？

Q ウェディングカウンターで新郎新婦から「六曜って何ですか」と質問されたときの回答は？

1 慶事

慶事とは祝いごとのことで、それまでの無事を喜び、これからの未来が健やかでありますようにと願いを込めて祝うものです。

■ 賀寿（長寿を祝うこと）

☐ 還暦	満60歳	十干十二支の組み合わせが一回りすることから
☐ 古希（稀）	70歳	唐の詩人杜甫の詩「人生七十古来稀なり」に由来する
☐ 喜寿	77歳	「喜」の略字が「㐂」であることから
☐ 傘寿	80歳	「傘」の略字が「仐」であり「八十」に見えることから
☐ 米寿	88歳	「米」の字を分解すると「八十八」に見えることから
☐ 卒寿	90歳	「卒」の略字が「卆」であり「九十」に見えることから
☐ 白寿	99歳	「百」の字から「一」を取ると「白」になることから
☐ 紀寿	100歳	100年が一世紀であることから

＊還暦は満60歳、それ以外の年齢は数え年で祝うのが一般的だが、近年は満年齢で祝うことも多い。

■ 誕生・成長の祝い

☐ お七夜	生後7日目の夜に健やかな成長を願って行う祝い
☐ お食い初め	生後100日目に一生食べ物に困らないようにとの願いを込めて膳を食べる真似をする
☐ 初節句	生まれた子が初めて迎える節句

■ 主な結婚記念日

☐ 錫婚式	10年目	☐ サファイア婚式	45年目
☐ 銀婚式	25年目	☐ 金婚式	50年目
☐ 真珠婚式	30年目	☐ エメラルド婚式	55年目
☐ 珊瑚婚式	35年目	☐ ダイヤモンド婚式	60年目
☐ ルビー婚式	40年目	☐ プラチナ婚式	75年目

27日目で学習する社交業務と併せて覚えてもいいですね。

■ 土木・建築に関するもの

☐ 地鎮祭	基礎工事前に土地の神に事故が起こらないよう祈る儀式
☐ 上棟式	骨組みができて本格的な工事に入ることを祝う儀式
☐ 起工式	大規模な工事に入る際に行う儀式
☐ 落成式	無事に完成したことを感謝し祝う儀式

■ 六曜

☐ 先勝（せんしょう・さきかち）	午前は吉、午後は凶
☐ 友引（ともびき）	朝夕は吉、正午は凶。葬儀は避けた方がよい
☐ 先負（せんぶ・さきまけ）	午前は凶、午後は吉。急ぎの用事は避けた方がよい
☐ 仏滅（ぶつめつ）	何事も避けた方がよい日。葬儀や法事は構わない
☐ 大安（たいあん）	何をするにもよい日。挙式や祝いごとなど
☐ 赤口（しゃっく・じゃっこう）	正午は吉、朝夕は凶。火の元や刃物には注意する

■ 二十四節季

☐ 立春	2月4日頃	☐ 芒種	6月6日頃	☐ 寒露	10月8日頃
☐ 雨水	2月19日頃	☐ 夏至	6月21日頃	☐ 霜降	10月24日頃
☐ 啓蟄	3月5日頃	☐ 小暑	7月7日頃	☐ 立冬	11月7日頃
☐ 春分	3月21日頃	☐ 大暑	7月23日頃	☐ 小雪	11月22日頃
☐ 清明	4月5日頃	☐ 立秋	8月8日頃	☐ 大雪	12月7日頃
☐ 穀雨	4月20日頃	☐ 処暑	8月23日頃	☐ 冬至	12月21日頃
☐ 立夏	5月5日頃	☐ 白露	9月8日頃	☐ 小寒	1月5日頃
☐ 小満	5月21日頃	☐ 秋分	9月23日頃	☐ 大寒	1月21日頃

■ 年中行事

1月	・正月 ・成人の日	7月	・七夕 ・海開き ・土用丑の日
2月	・節分 ・バレンタインデー	8月	・夏祭り ・盆踊り ・花火大会
3月	・ひな祭り（桃の節句） ・卒業式 ・ホワイトデー ・彼岸	9月	・重陽の節句 ・中秋の名月 ・敬老の日 ・彼岸
4月	・入学式 ・花見	10月	・運動会 ・ハロウィン
5月	・ゴールデンウィーク ・子どもの日（端午の節句） ・母の日	11月	・紅葉狩り ・七五三
6月	・梅雨 ・父の日 ・ジューンブライド	12月	・クリスマス ・大晦日

Q の Best Answer　六曜とは、毎日の吉と凶の時間を占う指標として古くから用いられている暦注のこと。挙式は大安がふさわしく、仏滅はあまりお薦めしない。他の日でも吉の時間帯にすればよいことを伝える。

2 弔事

弔事はお悔やみごとのことですが、地域や宗教によって形式や方法が異なります。失礼のないようにマナーを守ってお悔やみの気持ちを表しましょう。

■ 通夜・葬儀・告別式は別れを惜しむ儀式

仏式	焼香（宗派により回数が異なる）と合掌
神式	玉串奉奠としのび手での二礼二拍手一礼
キリスト教	献花と黙祷

服装は、通夜の場合は平服でも構いませんが、派手なものは避け、地味な色を着用します。葬儀・告別式では、喪服が基本です。

弔事にふさわしい服装	
男性	・モーニングまたは略礼服や黒のスーツ、数珠 ・靴下や靴は光沢のない黒
女性	・喪服（黒のワンピースまたはスーツ）、数珠 ・厚化粧、アクセサリー、派手なマニキュア、香水は避ける ・ストッキングは黒、靴とバッグは光沢のない黒 ・結婚指輪、真珠の一連ネックレスは可

■ 法要は葬儀の後の追悼儀式

仏式には追善法要と年忌法要があり、神道では「霊祭」、キリスト教では、カトリックは「追悼ミサ」、プロテスタントは「記念式」があります。

服装は、施主より軽くするのが原則で、略式の喪服です。年数が経てば、地味な平服でも構いません。

・まとめ・ **慶事と弔事**

サービススタッフとして、お客さまからの質問には何でも答えられるようにしておきましょう。

●サービス別の具体的な事例について考えてみます。○か✕で答えましょう。

事 例	答えと解説	
① **子供服店のスタッフ** 「出産祝いは何がいいか」と質問されたので、現金で贈るのが喜ばれると言った。	贈る側と受け取る側の関係性にもよるが、子供服やおもちゃが一般的である。	✕
② **披露宴のコーディネーター** 打ち合わせで新郎の祖父が今年77歳になると聞き、「喜寿」ですねと言った。	賀寿は、満年齢で計算する。	○
③ **会社の上司** 新居を建てるという話を聞いたので、同僚たちで新築祝いを贈った。	新築祝いは、基本的には新居が建ってから間を置かず贈るものである。	✕
④ **洋装店のスタッフ** 冠婚葬祭に使えるバッグを選んでいるお客さまに、シルバーの留め金があるバッグを薦めた。	原則、金や銀の留め金が付いているものは弔事には使用しない。	✕
⑤ **アクセサリーショップの店員** 真珠なら慶事も弔事も可能なので、二連のネックレスはどうかとお薦めした。	真珠でも、二連のネックレスは不幸が二重になるという意味から弔事では使用できない。	✕
⑥ **訪問介護ヘルパー** 「今日は先勝ですから、午前中にお買い物に行きませんか」と誘った。	先勝は午前中が吉、先負は午後が吉である。	○
⑦ **葬儀場のスタッフ** 葬儀を行う日は、友引の日を避けた日を案内している。	友を呼ぶということから、通夜、葬儀は遠慮する習わしがある。	○

● 本試験と同じ五肢択一の問題にトライしましょう。

次は賀寿とその年齢の組み合わせである。中から<u>不適当</u>と思われるものを一つ選びなさい。

(1) 還暦 ＝ 70歳

(2) 喜寿 ＝ 77歳

(3) 米寿 ＝ 88歳

(4) 卒寿 ＝ 90歳

(5) 白寿 ＝ 99歳

答 え (1)

解 説

(1) 不適当。還暦は60歳である。

(2) 適当。

(3) 適当。

(4) 適当。

(5) 適当。

あなたならどうする？

Q 旅館の客室の名前である「向日葵」、「山茶花」、「蒲公英」は何と読む？

名称と数え方

　日本には、伝統的な読み方や書き方をするものが多く存在します。また、物の数え方も多種多様です。代表的なものは理解しておきましょう。

■読み方が難しい魚介類・野菜・くだもの

☐ 浅利	あさり	☐ 鯛	たい	☐ 無花果	いちじく
☐ 鮑	あわび	☐ 蛸	たこ	☐ 榎茸	えのきだけ
☐ 烏賊	いか	☐ 海鼠	なまこ	☐ 蕪	かぶ
☐ 岩魚	いわな	☐ 鰊	にしん	☐ 南瓜	かぼちゃ
☐ 雲丹（海胆・海栗）	うに	☐ 蛤	はまぐり	☐ 胡瓜	きゅうり
☐ 牡蠣	かき	☐ 河豚	ふぐ	☐ 銀杏	ぎんなん
☐ 細魚	さより	☐ 鰤	ぶり	☐ 胡桃	くるみ
☐ 鰆	さわら	☐ 鯔	ぼら	☐ 椎茸	しいたけ
☐ 蝦蛄	しゃこ	☐ 海松貝	みるがい	☐ 西瓜	すいか
☐ 鱸	すずき	☐ 杏子	あんず	☐ 冬瓜	とうがん

☐ 筍	たけのこ	☐ 葱	ねぎ	☐ 葡萄	ぶどう
☐ 茄子	なす	☐ 八朔	はっさく	☐ 蜜柑	みかん
☐ 棗	なつめ	☐ 蕗の薹	ふきのとう	☐ 蕨	わらび

■ 漢字が難しい食べ物

☐ 蒟蒻	こんにゃく	☐ 里芋煮	さといもに	☐ 鉄火巻き	てっかまき
☐ 饂飩	うどん	☐ 時雨煮	しぐれに	☐ 天麩羅	てんぷら
☐ 蒲焼	かばやき	☐ 素麺	そうめん	☐ 膾	なます
☐ 蒲鉾	かまぼこ	☐ 蕎麦	そば	☐ 海苔	のり
☐ 葛湯	くずゆ	☐ 竜田揚げ	たつたあげ	☐ 冷麦	ひやむぎ
☐ 薩摩揚げ	さつまあげ	☐ 筑前煮	ちくぜんに	☐ 麩	ふ

■ 菓子の種類

☐ 干菓子	落雁、金平糖、煎餅、飴（水分が少なく保存が利くもの）
☐ 生菓子	餡や生クリームを使った菓子（保存が利かないもの）
☐ 餅菓子	大福、草餅、柏餅など
☐ 蒸し菓子	まんじゅう、蒸しようかんなど
☐ 練り菓子	ういろう、ぎゅうひ、ようかんなど
☐ 氷菓子	アイスクリーム、アイスキャンディー、シャーベットなど
☐ 洋菓子	ケーキ、シュークリーム、チョコレートなど

＊くだものを水菓子という場合がある。

■ 食に関する特殊な呼び方や言い回し

☐ 上がり	お茶のこと	☐ はじかみ	生姜のこと
☐ お愛想	勘定のこと	☐ あたりめ	するめのこと
☐ お手元	箸のこと	☐ 桜桃	サクランボのこと
☐ お開き	宴会の終わりのこと	☐ 紫	醤油のこと
☐ 香の物	漬物のこと	☐ 赤茄子	トマトのこと
☐ 黒文字	楊枝のこと	☐ 杓文字	杓子のこと
☐ 波の花	塩のこと	☐ 玉菜	キャベツのこと

■おせち料理の語源や由来

一の重＝祝い肴	意　味
☐ 黒豆	まめ（健康）に働けるように
☐ 数の子	卵がたくさん集まっていることから子孫繁栄を願う
☐ 田作り（ごまめ）	豊作を願う

二の重＝口取り	意　味
☐ 金団	金団は財宝のこと。お金が貯まるように
☐ 伊達巻き	学業成就を願う

三の重＝焼き物	意　味
☐ 鯛	「めでたい」から
☐ 海老	腰が曲がるまで長生きできるように
☐ 鰤	立身出世できるように

与の重＝煮物	意　味
☐ れんこん	れんこんの穴から見通しがよくなるように
☐ 八つ頭	親いもになると根元から小いもが出て育つことから、子孫が繁栄するように
☐ 慈姑	大きな芽が出ることから、成功や幸運を願う

■印

消印	領収書などに収入印紙を貼ったとき使用済みを示すために押す
訂正印	訂正するとき、訂正箇所に押す
捨て印	訂正を考慮し、前もって欄外に押す
実印	市区町村に印鑑登録をしたもの。重要な書類に押す
公印	公務上で使用する（官公庁など）
契印	2枚以上に続く書類が、一続きであることを証明するために押す
認め印	実印以外の印鑑。重要でない書類などに押す
銀行印	銀行に登録する印鑑。口座開設などに使用する
割り印	契約書などの正本と副本が同一のものであることを証明するために、両方にまたがるように押す

■ 定期刊行物

増刊誌	定期外に発行
季刊誌	1年に4回発行（3カ月ごと）
週刊誌	1週間に1回発行
旬刊誌	10日に1回発行（1カ月に3回）
月刊誌	1カ月に1回発行

■ 物の数え方

ざる蕎麦	枚	饂飩	玉	素麺	束・把
握り寿司	貫	海苔	枚・帖	箸	膳・揃い
烏賊・蟹	杯	鯛・平目	枚	吸い物	椀
椅子・テーブル	脚	旗	竿・棹	掛け軸	幅・対
櫛	枚	幕	張・張り	鋏・包丁	丁・挺
剃刀	丁・挺	帯	本・筋・条	織物	反・疋
新聞	部	花輪	本・基・輪	書籍	冊・部・巻
葡萄	房	西瓜・南瓜	玉	茄子・胡瓜	本
箪笥	棹	鏡	面・枚	畳	畳・帖・枚
本棚	本・架	粉薬	服・包	錠剤	錠・粒

Q の Best Answer 「ひまわり」、「さざんか」、「たんぽぽ」と読む。他にも、紫陽花、辛夷、欅、楓、菫、彼岸花などは覚えておくとよい。

・まとめ・ 物の名称・数え方

　仕事ができる人は、実務の知識だけでなく一般知識も豊富です。さらりと読み書きができ、内容についても知っておくとサービススタッフとして一目置かれることでしょう。

 問題 ●物の名称や数え方について 〇か✕で
答えましょう。

問　題	答えと解説	
① 南瓜と西瓜は「個」で数える。	どちらも数え方は「玉」である。	✕
② 鰹は「かつお」、鯵は「あじ」、鯖は「さわら」と読む。	鯖は「さば」と読む。「さわら」は「鰆」である。	✕
③ 干菓子には、干し芋などがある。	干菓子は水分の少ない保存が利く菓子で、落雁や煎餅などをいう。	✕
④ 春の七草は、1月7日の節句に食べられる「七草粥」に入れるもので、一年の無病息災を願って食べるものである。	なお、1月7日「人日」、3月3日「上巳」、5月5日「端午」、7月7日「七夕」、9月9日「重陽」を五節句と呼ぶ。	〇
⑤ 花輪の数え方は、「本」、「輪」、「対」である。	「本」、「基」、「輪」である。「対」で数えるのは、掛け軸。	✕
⑥ 波の花とは、漬物のことである。	塩のことである。漬物は香の物という。	✕
⑦ 鰤は成長魚なので、出世するようにという意味でおせち料理に入っている。	大きさによって呼び名が変わる出世魚である。	〇
⑧ 辛夷は「もくれん」と読む。	「こぶし」と読む。辛夷と木蓮の見分け方は花の開き方で、辛夷は全開、木蓮は半開きである。	✕
⑨ おせち料理の黒豆は健康に働けますようにとの意味がある。	この他、海老は腰が曲がるまで長生きすることを、数の子は子孫繁栄を願うもの。	〇

114

慣れるがイチバン！

選択問題

● 本試験と同じ五肢択一の問題にトライしましょう。

次は和食料理店の店員である桜田海斗が、お客さまから言われたことに対応したものである。中から<u>不適当</u>と思われる行動を一つ選びなさい。

(1) お客さまから、「蝦蛄は何と読むのですか」と質問されたので、「しゃこです」と答えた。

(2) お客さまから、「上がりちょうだい」と言われたので、お茶を出した。

(3) お客さまから、「水菓子はありますか」と言われたので、「デザートのお菓子はご用意しておりません」と答えた。

(4) 海老の握り寿司の注文を受けたとき、「1貫でよろしいでしょうか」と尋ねた。

(5) お客さまから「黒文字ください」と言われたので、楊枝を渡した。

答え (3)

解説

(1) 適当。「しゃこ」と読む。海の生物で虫偏（むしへん）の漢字のものには、蛸「たこ」、蛤「はまぐり」などがある。

(2) 適当。「上がり」や「お愛想＝勘定」は、広く一般的に使用されている。

(3) 不適当。水菓子とは、くだもののことでお菓子ではない。

(4) 適当。握り寿司の数え方は「貫」、軍艦巻きなども「貫」である。かっぱ巻きなどの巻物の場合、切り分ける前は「本」、切り分けた後は「個」で数える。

(5) 適当。黒文字は楊枝のことであるが、どちらかというと料理より和菓子に使用されることが多い。

あなたならどうする？

うちは、ワンストップ・ショッピングできるから、コンシューマーにとってメリットがあるんだ

Q ドラッグストアの朝礼で店長が言っているのは、どのようなことか？

■ よく使われるカタカナ用語

　カタカナ用語や外来語は今やサービスの現場ではあたり前のように使われています。言葉の意味だけでなく使い方も理解した上で、お客さまに分かりやすく言い換えて表現をすることも必要です。

☐ アウトソーシング	外部委託
☐ アポイントメント	面会などの予約、約束
☐ アメニティ	快適性、心地よさ
☐ アライアンス	提携先（＊「タイアップ」は提携、協力）
☐ アンテナショップ	消費者の反応を見ることが目的の店
☐ インバウンド	内向き、外国人の訪日旅行
☐ インフォームドコンセント	医療従事者から十分な説明を得た上での患者の同意
☐ インフラ	産業や社会生活の基盤となる設備や施設
☐ エージェント	代理人、仲介業者
☐ エンドユーザー	最終消費者
☐ オンデマンド	要求に応じたサービスの提供

☐ クライアント	顧客、得意先
☐ クリエイティブ	創造的、独創的
☐ コストパフォーマンス	費用対効果
☐ コミッション	委任、手数料
☐ コンセンサス	一致、合意
☐ コンプライアンス	法令順守
☐ サスティナブル	持続可能な（主に地球環境に関して使用する）
☐ サプライ	供給、配給
☐ セキュリティ	安全、保安
☐ タイアップ	提携、協力
☐ トレードマーク	登録商標、商標
☐ バジェット	予算、経費
☐ パフォーマンス	性能、機能、効率
☐ バリュー	価値、値打ち
☐ ビジター	訪問者、来客
☐ ビジョン	展望、構想
☐ プライオリティ	優先順位
☐ ボーダレス	境界がないこと
☐ メソッド	方法、方式
☐ ユーティリティー	役に立つこと、有用性
☐ リスクマネジメント	不測の危険や損害を低減・回避する予防策

Q **の Best Answer** 「ワンストップ・ショッピング」とは、必要な物が1カ所で購入できること、「コンシューマー」は消費者、「メリット」は利点という意味。ドラッグストアだけで欲しい物が手に入るので、お客さまにとっては便利であるということ。

・ま と め・ **カタカナ用語**

　サービスが多様化され、いろいろな言葉が使われるようになりました。社会人の常識としても、さまざまな用語に明るくなりましょう。

 **問 題**

●次のカタカナ用語について、〇か✕で答えましょう。

問 題	答えと解説	
① グローバルな展開とは、国内に幅広く展開していることである。	世界的、地球的規模の展開のことである。	✕
② コンセプトがないと、一体感や統一感に欠ける。	コンセプトは全体を通した基本的な考え方をいう。	〇
③ コミュニティとは、学童保育のことである。	コミュニティとは地域社会や共同社会を指す。	✕
④ マネーサプライとは、世に出回るお金の供給量のことをいう。	サプライは供給という意味。	〇
⑤ アウトソーシングとは予算のことである。	アウトソーシングは外部委託のことを指す。予算はバジェットという。	✕
⑥ コストパフォーマンスとは、初期投資のことである。	費用対効果のことである。他に、初期投資はイニシャルコスト、運転資金はランニングコストという。	✕
⑦ ソリューションとは課題解決のことをいう。	解決、解明することである。	〇
⑧ サブスクリプションとは、サービスや製品などを一定期間利用する使用権に対して対価を支払うビジネスモデルの一つである。	従来の、製品やサービスごとに対価を支払う形式と異なり、月額制や年額制といった、一定期間の使用権に対して対価を支払う形式である。	〇

慣れるがイチバン！
選択問題

● 本試験と同じ五肢択一の問題にトライしましょう。

次の「　」内の説明は、下のどの用語を説明したものか。中から適当と思われるものを一つ選びなさい。

> 「社会での生活上で困っている人や不安を抱えている人に対し、さまざまな課題に取り組んで援助する専門職のこと」

(1) カウンセリング
(2) メンタルヘルス
(3) ソーシャルワーカー
(4) インフォームドコンセント
(5) ケアマネージャー

答え (3)

解説

(1) 不適当。悩みを訴える人の相談に応じ、助言や指導をすることである。

(2) 不適当。精神面の健康のこと。主に、悩みごとの軽減や緩和、精神障害の予防や回復を目的とした方策を指す。

(3) 適当。社会福祉事業に従事する専門職の総称である。

(4) 不適当。「十分な説明を得た上での合意」という意味。医療従事者と患者との間で交わされる。

(5) 不適当。介護支援専門員のことである。

チャレンジ！ 級別 実践問題

〈3級〉

1 次は用語とその意味の組み合わせである。中から<u>不適当</u>と思われるものを一つ選びなさい。

(1) 口が堅い ＝言ってはいけないことを他言しないこと。

(2) 口が過ぎる ＝言ってはいけないことまで言ってしまうこと。

(3) 口が肥える ＝美味しい物を食べ慣れていること。

(4) 口が減らない＝理屈を並べて言い返すこと。

(5) 口を利く ＝ためになる情報を教えること。

2 次は用語とその数え方の組み合わせである。中から<u>不適当</u>と思われるものを一つ選びなさい。

(1) 烏賊 ＝杯

(2) 包丁 ＝本

(3) 箪笥 ＝棹

(4) 旗 ＝棹

(5) 櫛 ＝枚

3 次は菓子の種類とそれに該当する食べ物の組み合わせである。中から<u>不適当</u>と思われるものを一つ選びなさい。

(1) 練り菓子 ― ようかん

(2) 干菓子 ― 煎餅

(3) 蒸し菓子 ― どらやき

(4) 水菓子 ― 梨

(5) 氷菓子 ― シャーベット

〈答えと解説〉

〈3級〉

1 (5) 「口を利く」とは、仲介することである。

2 (2) 包丁の数え方は丁・挺である。他に、かみそりの数え方も丁である。

3 (3) どらやきは焼き菓子である。

〈2級〉
1　次の言葉は「目端が利く」と同じ意味の言葉である。中から<u>不適当</u>と思われるものを一つ選びなさい。

⑴　如才ない

⑵　才知が働く

⑶　気を見るに敏

⑷　機転が利く

⑸　要領のよい

2　次は用語とその意味の組み合わせである。中から適当と思われるものを一つ選びなさい。

⑴　先勝　　　　　＝六曜の一つで午前は凶、午後は吉

⑵　傘寿　　　　　＝賀寿の一つで88歳の祝い

⑶　ダイヤモンド婚＝結婚50年目

⑷　寒露　　　　　＝二十四節季の一つで、10月8日頃

⑸　インバウンド　＝電話での顧客サービス調査

〈答えと解説〉

〈2級〉
1　⑴　「目端が利く」とはその場に応じた判断ができることで、「如才ない」とは、気が利いていて抜かりない、愛想がいいことである。

2　⑷　先勝は、午前は吉で午後が凶。傘寿は80歳の祝いである。88歳は米寿。ダイヤモンド婚は結婚60年目、50年目は金婚式である。インバウンドは外国人の訪日旅行のことである。

Column

正しい知識

　会計で領収書をお願いするときの話です。スタッフから「領収書の宛て名はいかがいたしましょうか」と尋ねられ、「上出」という名前を書いてもらうつもりで「うえで」と答え、「上様」と書いた領収書を渡されたという話があります。

　また、これに似た話で、「上様」と書いてもらうつもりで「うえで」と答え、「どのような漢字を書きますか」と聞き返されたというのもあります。

　ファミコン言葉（ファミレスやコンビニエンスストアの店員がよく使用している言葉）に代表される若者言葉が広く使われるようになり、日本語の誤用は多くなりました。何でもかんでも言葉に「〜の方」を付ける、今取り上げている事象なのに「よろしかったでしょうか」などと言う。耳を疑いたくなるような日常です。

　世間では、「情けは人の為ならず」ということわざの意味を、情けをかけるのは人の為にならないと誤認している人が多いと聞きます。

　サービススタッフである以上、社会人として正しい知識を身に付けたいものです。

「転ばぬ先の杖は、知識の習得」
私の自論（正しくは持論）です。

対人技能

仕事は他者とのかかわりの中で行います。
人を介する仕事は全てがサービス業です。
第IV章では、良好な対人関係を築くための、
コミュニケーションの取り方について理解を深めます。
人間関係の基本である接遇の意味を理解し、
接遇者としての正しいマナーを学びます。

コミュニケーション①

あなたならどうする？

Q1 入居者から帰省のお土産をもらったときのマンションのコンシェルジュの応対は？

Q2 入居者同士がうわさ話をしているところに通りかかったらどうする？

1 対人関係

　対人関係では誤解やトラブルを生まないことが何より大切です。そのためには、社会人としての**良識**を持つ必要があります。良識とは、偏見がなく適切で健全な考え方のことをいいます。

良識ある行動

● 公共のマナーやルールを守る

● 自分の立場や役割を理解する

● 相手を不愉快にさせない

よい対応 〇
・丁寧な言葉遣いと所作
・周囲との協調性を持つ
・状況から相手に配慮する

悪い対応 ✕
・乱暴な言葉遣いと雑な所作
・自分本位で勝手な行動
・相手のことを考えない

お客さまとだけではなく、一緒に働く社内外の人との対人関係も重要ですね。

124

仕事では社内外の多くの人とかかわります。かかわる人と良好な関係を保つことは仕事を円滑に進める近道です。対人関係が良好であれば、少々無理なお願いをしたとしても、力になってもらえます。

良好な対人関係を築くには、以下の点をわきまえることが大切です。

■ 立場や役割を考える

私たちは、立場や役割に伴って仕事をしています。相手もまた然りです。自分の思うままに仕事をしていたのでは、チームのトラブルメーカーになってしまいます。常に、状況や相手を考えて行動することが必要です。

■ 社会の秩序を守る

秩序とは公共のルールやマナー、会社のマニュアルや規範を指します。対人関係における秩序を乱す行為は、相手を不愉快にするだけでなく、トラブルや危険も伴います。ついしてしまう悪い癖は今すぐ改善しましょう。

秩序を乱す行為の例
- ●スマートフォンを見ながら歩く
- ●傘の先端が他人に向いている状態で階段を上る
- ●電車内でにおいの強いもの（フライドチキンなど）を食べる
- ●トイレでの化粧直しで鏡を長時間一人占めする
- ●歩きたばこ
- ●スーツケースを後ろに長く引いて歩く

「良識は対人関係を良好にする」ですね！

Q1 の **Best Answer** 仕事である以上、個人ではなく会社として受け取ることを入居者に伝えて丁寧にお礼を述べる。その後、会社に報告する。

2 対人コミュニケーション

サービススタッフとして、人とのやりとりを円滑にするために知っておきたい対人コミュニケーションの心得があります。

対人コミュニケーションの心得
- ●相手を尊重する
- ●相手を気遣う
- ●思いやりの心を持つ

 よい対応
- ・自分から発信する
- ・誤解やトラブルを生まない
- ・見返りを求めない

 悪い対応
- ・言葉と行動が一致していない
- ・自分の都合を優先し、相手を受け入れない

■対人距離

パーソナルスペースとも言われ、相手との間で自分が心地よいと思う距離（なわばり距離）のことを指します。心の距離が実際の距離に比例し、親密だと距離が短くなります。関係性によって距離が決まるため、**初対面**で相手のパーソナルスペースに入るには、**好印象や好感度**が欠かせません。

■話し方

思いやりの心を言葉にすることが大切です。例えば、商品を購入したお客さまを見送るとき「ありがとうございました」とお礼の言葉を掛けるのはあたり前です。さらに「お気を付けて」や「またお待ちしています」といった一言が加わると、お客さまに嬉しい気持ちになってもらえます。

このように、話し方次第で相手の心を掴むことができます。**相手の気持ちに寄り添った、一歩踏み込んだ話し方**を心掛けましょう。

■ セールストーク

セールストークとは、お客さまに**商品を購入したいと思ってもらえる話し方**です。商品を選んでいるお客さまに対し、納得して購入してもらうための説明をするのがサービススタッフの仕事です。

しかし、セールストークに売りたい気持ちが全面に出てしまうと、お客さまの購入意欲を下げてしまいます。お客さまに気持ちよく購入してもらうためには、スタッフが**お客さまの身になって考える**ことが大切です。お客さまの意見をよく聞き、否定せずに受け止めた上で、**ここで購入したいと感じさせる言葉掛けをする**のがよいセールストークなのです。

■ 言いにくいことを伝えることも大切

サービススタッフは、お客さまの要望を受け入れるばかりではなく、ときには断る場合もあります。

例えば、「二つ購入するから少し値引きしてほしい」といった要求を断る場合、「商品を気に入っていただき、ありがとうございます。大変心苦しいのですが、ご要望にはお応えできかねます」などと、**敬語を使って相手を立てる言葉遣い**が欠かせません。言うべきことをきちんと伝える姿勢は必要ですが、言葉遣いには十分に配慮することが大切です。**お客さまを尊重した言葉遣いを常に意識しましょう。**

Q2 の **Best Answer** 目を合わせ明るくあいさつして通り過ぎる。聞き耳を立てたり詮索（せんさく）したりせず、今後も何事もなかったかのように接する。

⟨・ま と め・⟩ **コミュニケーション①**

人は違ってあたり前です。人間関係は、自分の心の持ち方次第でよくも悪くもなるものです。**良識を持ち、相手を大切に思う心**が良好なコミュニケーションを生み出します。

●サービス別の具体的な事例について考えてみます。○か✕で答えましょう。

事　例	答えと解説	
① **カルチャースクールの受付** 受講者が講座内容についてあれこれ質問するので、パンフレットを見てほしいと伝えた。	パンフレットを見た上で質問しているかもしれない。質問には真摯に応対することが基本である。	✕
② **宝飾店のスタッフ** 商品を見ながら「高いね」というカップルには、微笑みを返すようにしている。	価値観の違いを認め、優しく受け止めることが正しい応対である。	○
③ **訪問看護の看護師** 毎回訪問している利用者の家族には、友達のような口調で話している。	「親しき仲にも礼儀あり」の考え方は良識である。言葉遣いは相手を気遣うものである。	✕
④ **コーヒーショップのバリスタ** 混雑しているときでも、自分はバリスタなのでコーヒーを淹れることに専念し、接客しない。	協力する気持ちがあれば、何かしら手伝えることはある。思いやりは、スタッフに対しても大切である。	✕
⑤ **百貨店の店員** 上のフロアから至急に呼ばれたので、店内のエスカレーターを使って上った。	客用のエスカレーターは使わず、業務用のエレベーターや階段を使うのが基本である。	✕
⑥ **インテリアショップのスタッフ** 夫婦のお客さまがカーテンの選択中に口論になったので、少し離れて様子を見た。	些細な口論でも仲介に入るのはお節介である。見て見ぬふりをしつつ、その場を離れることが適切である。	○
⑦ **シューズショップのスタッフ** 店でセール品の返品を受け付けていない場合、返品希望のお客さまには、丁寧に断っている。	店のルールに従わなければならないときは、お客さまの気分を害さないような言葉を選択する。	○

●本試験と同じ五肢択一の問題にトライしましょう。

17日目

Ⅳ 対人技能

コミュニケーション①

次は、ペットシッターの秋山健司が、愛犬を引き渡すときに飼い主との会話で心掛けていることである。不適当と思われるものを一つ選びなさい。

(1) 預かっている間の愛犬の行動について、詳しく説明するようにしている。

(2) 問題行動がある場合は、飼い主の生活スタイルが影響しているので、生活を変えるように注意している。

(3) 問題行動がある場合は、いくつかの考えられる原因を伝えるようにしている。

(4) 今後のためにも、世間話をしながら親近感を持ってもらえるようにしている。

(5) 飼育方法について困っていることはないか質問するようにしている。

答え (2)

解説

(1) 適当。留守中の姿を詳細に伝えることは、愛犬を大切に預かっているということが伝わり、飼い主が安心する。

(2) 不適当。生活スタイルを聞くことはよいが、注意するのは立ち入り過ぎである。飼い主を尊重していないことになる。

(3) 適当。原因は一つとは限らないので、いくつかの原因を伝えることで今後のしつけのヒントになる。

(4) 適当。飼い主とのコミュニケーションをよくするためにも、世間話はあってよい。

(5) 適当。飼育方法について飼い主の不安を解消することは、信頼関係につながる。

129

コミュニケーション②

Q1 翌日の取引先への訪問予定が、直行、直帰になった場合どうする？

Q2 取引先から、お菓子をもらった場合はどうする？

1　職場内

　仕事において上司・先輩・同僚・部下といった周囲の人々と良好な関係を築くためには、**スムーズな報告・連絡・相談がコミュニケーションの潤滑油**として役立ちます。

● **報告**＝途中経過や結果を正しく伝えること
● **連絡**＝自分の意見や憶測ではない、事実を伝えること
● **相談**＝判断に迷ったときに参考意見を聞くこと

・報告・連絡・相談を密にし、周囲のスタッフと連携する
・自己判断せず、上司の指示を仰ぐ

・報告・連絡・相談が滞る
・勝手に自己判断する

　報告・連絡・相談は、強力なコミュニケーションツールです。こまめな伝達は、仕事だけでなく職場内のコミュニケーションも円滑にします。

2 職場外

　外出先では、あなたは**会社の代表**です。あなたを通して会社が評価されるため、職場外では**社名を背負っている自覚**を持つことが大切です。感じがよいという評価をもらうためのポイントは次の３点です。

- ●先手のあいさつ
- ●明るい表情
- ●爽やかな態度

よい対応
　・会社の代表であることを忘れない
　・明るい表情と丁寧な言葉遣いを心掛ける

悪い対応
　・会社の代表である意識を持たない
　・自分の都合を優先する

　取引関係先は全てお客さまであるという意識を忘れないようにしましょう。お客さまであるという意識を持っていれば、自ずと言葉遣いや表情・態度に配慮するようになり、よい人間関係が築けます。

「報告・連絡・相談はコミュニケーションバイブル」ですね！

Q1 の Best Answer　上司に明日の予定を報告して指示を仰ぐ。留守中でも仕事が回るよう、対応が必要な案件はあらかじめ依頼する。

Q2 の Best Answer　会社の代表として受け取ってお礼を述べ、上司に報告し指示を仰ぐ。また、同日中に取引先へメールで再度お礼を伝える。

・まとめ・ コミュニケーション②

　人間関係は、持ちつ持たれつの合わせ鏡です。相手を気遣う気持ちを持ち、積極的にコミュニケーションの達人を目指しましょう。

●サービス別の具体的な事例について考えてみます。○か×で答えましょう。

事　例	答えと解説	
① **配送スタッフ** 担当ルートの地理に詳しくないので、効率的な行き方を先輩に相談した。	相談を受ける側からすれば、頼りにされていると感じるので、応えたくなるものである。	○
② **営業スタッフ** 取引先では、担当以外の人とはあいさつをしないようにしている。	取引先では、担当者に限らず全社員がお客さまに相当する。積極的にあいさつをする姿勢が必要である。	×
③ **催事場のスタッフ** 休憩時間に、スタッフ同士で趣味の話で盛り上がった。	差し障(さわ)りのない話題でコミュニケーションが取れると、仕事の流れもよくなる。	○
④ **喫茶店のスタッフ** 担当者がいないときに伝言を頼まれたので、間違いのないようにメモを書いた。	伝言は分かりやすくメモに残すと間違いを防げる。口頭で伝えながら、メモを渡すのが最善の方法である。	○
⑤ **和装店のスタッフ** 他のスタッフから着物に帯が合っていないと言われたが、センスの違いだと思って気にしない。	自分と違う意見にも耳を傾けると、新たな発見がある。素直な態度が信頼と自分自身の成長になる。	×
⑥ **理容店のスタッフ** 休日に偶然お客さまと会ったが、見て見ぬふりをした。	職場外でも、あいさつできる状況なら進んであいさつすることが大切である。	×
⑦ **婚礼介添えスタッフ** 新郎の両親からのお礼の品物は、休みのスタッフの分まで取っておいた。	いただきものは、スタッフ全員で分け合う気持ちを持つと、仕事も分け合える気持ちになれる。	○

慣れるがイチバン！
選択問題

● 本試験と同じ五肢択一の問題
にトライしましょう。

次は専門学校に勤める松崎玲奈が、新入社員の歓迎会で意識している行動である。中から不適当と思われるものを一つ選びなさい。

(1) あまり話さない人は苦手なので、話が面白い人のそばに座るようにしている。

(2) 席は自由と言われたが、上司や先輩が座るのを待って座るようにしている。

(3) なるべくたくさんの人と会話して、さまざまな情報を得るようにしている。

(4) 楽しくなさそうな雰囲気の人を見掛けたら、自分から声を掛けて会話するようにしている。

(5) 誰かが悪口や愚痴を言い始めたら、他の話題を提供するようにしている。

答え (1)

解 説

(1) 不適当。職場の人間関係は、持ちつ持たれつの関係がベスト。話さない人には自分から話題を提供してコミュニケーションを図ることが大切である。

(2) 適当。自由とはいえ、先輩や上司に配慮することが必要である。

(3) 適当。コミュニケーションの流れがよいと多くの情報が手に入る。結果として、仕事が進めやすくなる。

(4) 適当。誰とでも気軽に会話できる職場の人間関係を築いておけば、何かのときに力を貸してくれるパートナーにできる。

(5) 適当。周囲の空気が悪くなるのを防ぐには、話題を変えることが一番である。空気が悪くなると食事も美味しくなくなる。

あなたならどうする？

Q1 電話口でお客さまの名前が聞き取れない場合は？

Q2 自分の担当外のことを尋ねられ、他の担当者に代わる場合は？

1 接遇

接遇とは「接する＋遇する」こと、つまり「人をもてなす＋待遇する」ことを意味します。サービススタッフとして、接遇に求められる心得を確認していきましょう。

接遇に求められる心得
- おもてなし
- 一期一会
- 三方よし

よい対応 ○
- お客さまを自分のことのように思って接する
- お客さまの満足を考えながら応対する
- お客さまへ配慮が感じられる丁寧な言葉を選ぶ

悪い対応 ✕
- 自分本位でお客さまに接する
- 自分の満足だけを考える
- 言葉遣いに気を払わない

■おもてなし

　誰かをもてなすときは相手が喜ぶことを考えて準備をするものです。その心遣いが相手を喜ばせ、相手の喜ぶ顔を見て自分も嬉しくなるのです。

> 例　洋服店　スタッフは清潔な服装を心掛け、小物などでおしゃれ感を出す。
>
> 美容院　常連のお客さまの来店前にはいつも読まれる雑誌の最新号を用意しておく。

■一期一会

　茶道の言葉で、一生に一度だけの機会と考え相手に**誠意**を尽くすことです。仕事でも、毎回、二度とはやってこない機会と考え**最善**を尽くすことです。

> 例　飲食店　食後に薬を飲もうとしたお客さまに、氷なしのお水が必要かどうか尋ねる。
>
> 百貨店　化粧室を案内する際、最寄りの場所に加え比較的空いている場所も教える。

■三方よし

　売り手と買い手が満足した上で、社会貢献もできる商売がよい商売という考え方です。

> 例　ホテル　スタッフの接客態度に満足してリピーターとなってもらうことで、周辺の観光施設の集客も増える。

　接遇では、**身だしなみや表情、態度、話し方に注意**する必要があります。しかし、これらはあくまでも**手段**です。肝心（かんじん）な心得を置き忘れないようにしましょう。

> 「接遇は全ての人を幸せにする」ですね！

> **Q1 の Best Answer**　こちらの不手際を丁寧にお詫びし、再度名前を尋ねる。お客さまに不快な思いをさせないよう、電話の場合は対面時よりもやや高めの声で、ゆっくりと話す。
> 例：「お客さま、大変恐れ入りますが、今一度お名前をお聞かせ願えますでしょうか」

2 接遇用語

　言葉遣いは、単なる言葉の使用方法ではなく、気遣いなどのように、相手のために言葉を選んで使うことです。接遇用語は、**相手をもてなすために言葉を選び、相手の満足を生み出す**ための言葉です。

● クッション言葉で柔らかい印象に
● 命令形は依頼形にして謙虚な印象に
● 否定形は肯定形にして前向きな印象に

よい対応
・伝えたい内容の前にクッション言葉を使う
　　　　　　　　　（恐れ入りますが、よろしければ　など）
・依頼形で伝える（〜ください → 〜よろしいでしょうか）
・肯定形で伝える（分からない → 分かりかねる）

悪い対応
・クッション言葉がなく、唐突に切り出す
・命令形を多用する（〜ください）
・否定形で伝える（分からない）

　たとえ正しい言葉遣いであっても、お客さまに失礼な印象を与えてしまう場合があります。以下は注意したい言葉遣いの一例です。

　✕「お客さま、お分かりいただけましたでしょうか」
　　→お客さまの能力を問う**上から目線**の言い方
　〇「お客さま、ご理解いただけましたでしょうか」

　✕「お客さまの勘違いではないでしょうか」
　　→お客さまを**否定する**言い方
　〇「こちらで取り扱っている商品は、このタイプのみでございます」

　✕「お客さまをお連れしました」
　　→「連れる」は、相手が**同格か目下**の場合に使用する
　〇「お客さまをご案内しました／お客さまをお通ししました」

136

■ 依頼形でお客さまを尊重

● 「〜ますか」
● 「〜ますでしょうか」
● 「〜ませんでしょうか」 …謙譲の度合いが最も高い

■ 肯定形でお客さまへの印象をチェンジ

✕ 「できません」
→ 「いたしかねます」 とすれば、丁寧な印象になる

■ 効果的な接遇用語の使用例

いかなる場面でも、お客さまへの気配りを忘れないようにしましょう。

● 「大変申し訳ございませんが」（クッション言葉）
● 「私では対応いたしかねますので、詳しい者と代わります」

（肯定形＋代替案）

● 「少々お待ちいただけますでしょうか」（依頼形）

Q2 の **Best Answer** お客さまの心情を察する接遇用語を使って柔らかい印象を与えつつ、不快にさせないよう注意して伝える。
例：「恐れ入ります、その件に詳しい者と代わりますので、少々お待ちいただけますでしょうか」

・ま と め・ **接遇の基本①**

　サービススタッフとしての接遇は、基本の姿勢です。身だしなみや態度、言葉遣いのマナーは接遇の上に成り立ちます。つまり、接遇がしっかりできてこそ、マナーが生かされるのです。このことを忘れずにいましょう。

●サービス別の具体的な事例について考えてみます。○か✕で答えましょう。

事 例	答えと解説	
バスの運転手 ① 混雑したときにお客さまに詰めてもらう場合は、「もう少し詰めてください」と伝えている。	お願いするときは、クッション言葉＋依頼形である。「恐れ入りますが、あと一歩、中にお進みいただけますか」が適切。	✕
引っ越し業社のスタッフ ② お客さまが後片付けしやすいように、荷物の置き場所を確認しながら作業している。	接遇はお客さまとの関係を築く基本のスタンス。お客さまが喜ぶための行動は欠かせない。	○
観光土産店のスタッフ ③ 名産品や売れ筋のものなどを積極的に紹介し、お客さまとの会話を楽しんでいる。	接遇は一期一会の気持ちが大切。お客さまにとっては、唯一のスタッフとして対応する。	○
インターネットの電話スタッフ ④ 電話口では、明るい声のトーンでできるだけゆっくり話すように心掛けている。	電話は声だけが情報になるため、普段よりやや高めの声でゆっくり話すようにすると、聞き取りやすい。	○
居酒屋のスタッフ ⑤ テーブルから食器を下げるときは、「こちら、お下げしてもよろしいですか」と確認している。	お客さまに選択権がある場合、「恐れ入りますが」などのクッション言葉を入れて伝えないと不躾な印象になる。	✕
役所の窓口 ⑥ 再提出依頼時は「ご足労をお掛けして恐縮ですが、再度お越し願えますでしょうか」と伝えている。	お客さまの負担を強いる場合は、通常よりさらに丁寧な言葉遣いをすることが接遇である。	○
住宅展示場のスタッフ ⑦ 来場者に記名を求めるときは「こちらにお名前をご記入いただけますか」と伝えている。	お願いするときは、「差し支えなければ」などのクッション言葉を最初に言うのが適切。	✕

家具店の店員をしている林修吾は、普段から言葉遣いに十分配慮して会話している。中から不適当と思われるものを一つ選びなさい。

⑴ たくさんの荷物を持っているお客さまに、「よろしければ、お荷物をお預かりいたしますが、いかがいたしましょうか」と言う。

⑵ 配送の時間指定を希望するお客さまに、「恐縮ですが、渋滞事情もございますので、指定は２時間単位で承っております」と言う。

⑶ 設置を希望するお客さまに、「ご面倒をお掛けしますが、玄関のサイズをお調べください」と言う。

⑷ 商品を迷っているお客さまに、「失礼ですが、お部屋の雰囲気はどのようなイメージでしょうか」と言う。

⑸ ご要望の家具がなかったお客さまに、「大変申し訳ございませんが、当店ではお取り扱いがございません。同じようなタイプであれば、上の階にご用意しております」と言う。

答え ⑶

解説

⑴ 適当。お客さまに選択してもらうことが第一であるため、依頼形にする。

⑵ 適当。理由を述べて、理解してもらう。

⑶ 不適当。お客さまに負担がかかる場合、命令形は失礼な印象になる。必ず依頼形にする。「お調べいただけますか」などが適切。

⑷ 適当。お客さまのプライベートに立ち入る質問には、適切なクッション言葉が欠かせない。

⑸ 適当。断る場合、お客さまの気分を損ねないように代替案があるとよい。

あなたならどうする？

Q 介護施設のヘルパーが、家族から利用者の様子を聞かれた場合の話し方は？

敬語

　相手を尊重する言葉遣いに欠かせないのが敬語です。敬語は、主体が相手か自分かのどちらにあるかによって、尊敬語と謙譲語を使い分けます。

- ●尊敬語＝相手の行為や行動を敬う
- ●丁寧語＝言葉そのものを丁寧に表現する
- ●謙譲語＝自分の行為や行動をへりくだる

　また、敬語には敬意の高さが存在し、尊敬語と謙譲語の「言い換え敬語」は敬意が最も高いものです。言い換え敬語が無いものについては「お（ご）〜なさる」などを用います。

　次のページの敬語の使い方（図）を参考にして、立場や状況を踏まえ、その場に相応しい敬語を話せるようになりましょう。

■ 敬語の使い方（図）

相手が主体

どちらにも使用する

 相手
と
自分

 自分が主体

尊敬語

相手を敬う
・言い換え敬語
・お（ご）〜なる
・お（ご）〜なさる
・お（ご）〜くださる
・〜れる、られる

丁寧語

丁寧に表現する
・〜です
・〜ます
・〜ございます

謙譲語

自分がへりくだる
・言い換え敬語
・お（ご）〜する
・お（ご）〜いただく
・お（ご）〜願う
・お（ご）〜申し上げる

■ 言い換え敬語の例

尊敬語	動詞	謙譲語
いらっしゃる	行く	参る、伺う
いらっしゃる おいでになる、お越しになる	来る	参る、伺う
おっしゃる	言う	申す、申し上げる
お聞きになる、聞かれる	聞く	伺う、承る、拝聴する
ご覧になる	見る	拝見する
お会いになる、会われる	会う	お目にかかる
ご存じ	知る	存じる
なさる	する	いたす
いらっしゃる	いる	おる
召し上がる	食べる	いただく
お思いになる、思われる	思う	存じる
お召しになる	着る	

■ 名詞の尊敬語と謙譲語

名詞	尊敬語	謙譲語
会社	貴社、御社	当社、小社、弊社、私ども*
お店	貴店	当店、小店、私ども*
名前	お名前、ご芳名、ご尊名	
わたし		わたくし、手前、小生、拙者
あなた	あなたさま、貴殿	

＊「ども」は謙譲表現。

■ 丁寧な表現

	丁寧な言い方
あっち	あちら
こっち	こちら
そっち	そちら
どっち	どちら
あとで	後ほど
今日	本日
明日	明日
昨日	昨日
あさって	明後日
おととい	一昨日
分かりました	かしこまりました 承知しました、承りました
誰	どちらさま、どなたさま
少し	少々
老人、高齢者	ご年配の方
あの人	あの方、あちらの方
太ってる人	恰幅がよい方
やせている人	華奢な方

〈名詞に付ける場合〉

○ 「お」「ご」を付ける

お電話、お約束
ご住所、ご伝言

✕ 例外として付けない

おコーヒー（外来語）
お社長（役職）
お先生
（尊敬の意味を含む語）
お風（自然現象）
お犬（動物）

〈好ましい呼び方〉

同伴者……お連れの方
夫…………ご主人さま
　　　　　　旦那さま
妻…………奥さま
子ども……お子さま
身内………お身内の方

■ 場面に応じた好ましい言い方

　サービスの現場では、丁寧に表現するだけでは失礼な印象を与えてしまう場合があります。場面に応じて好ましい言い方を使いましょう。

好ましくない言い方	好ましい言い方
どうですか、どうしますか	いかがですか、いかがなさいますか
大丈夫ですか	よろしいでしょうか
おいしかったですか	お口に合いましたか
そうです	さようでございます
座って待っててください	お掛けになってお待ちください（ませ*）
言ってください	お申し付けください
オーダーを取ります	ご注文をお伺いいたします ご注文はお決まりでしょうか

＊「ませ」は丁寧の意を伝える助動詞。

■ 注意したい敬語

・二重敬語…尊敬語の活用を二つ使用してはいけない。

　　✕ おっしゃられる＝「おっしゃる＋～れる」

・「～ございます」の誤用…相手を指す場合には使用できない。

　　✕ 田中さまでございますか？　○ 田中さまでいらっしゃいますか？

・身内に敬語は使用しない…身内とは、自社・自分側の人物、家族のこと。

　　✕ 社長は外出されています。→ ○ 社長は外出しております。

Q の Best Answer　利用者さまとは距離が近いので丁寧語で話してもよいが、ご家族には尊敬語を使い、敬う言葉遣いをする。

・ま と め・　接遇の基本②

　敬語は慣れることが一番です。正しい敬語と好ましい言い方は相手の心を掴むセオリーです。

●サービス別の具体的な事例について考えてみます。○か✕で答えましょう。

事　例	答えと解説	
① **飲食店のスタッフ** 来店したお客さまには「何名ですか」と尋ねている。	この場合、「何名さまですか」が正しい。「さま」は尊敬の意味を表す。何名さま、お客さま、利用者さまなどがある。	✕
② **カルチャースクールの講師** 「私の作品を拝見なさってください」と言っている。	「拝見する」は謙譲語で、「なさる」は尊敬語のため誤用である。「ご覧ください」が正しい。	✕
③ **レストランのスタッフ** 雨の日は、「お足元にお気を付けください」とお客さまを見送っている。	「お」や「ご」を付けて丁寧に表現する。	○
④ **スポーツクラブの受付** 「会員規則についてご説明して差し上げます」と言っている。	「差し上げる」は「あげる」の謙譲語である。「説明してあげる」という失礼な印象になるため、「ご説明いたします」が好ましい言い方である。	✕
⑤ **ホテルのスタッフ** お客さまから褒められたときは、「とんでもございません」と言っている。	「とんでもない」を「ございません」で否定している意味になる。「とんでもないことでございます」「とんでもないです」が正しい言い方である。	✕
⑥ **百貨店のスタッフ** 「お決まりになりましたら、お申し付けください」と言っている。	「申し付ける」は「言い付ける」の謙譲語である。立場が上の者から下の者に言い渡すという意味がある。	○
⑦ **ペットショップのスタッフ** 「お宅には、犬は何匹いらっしゃるのですか」と尋ねた。	動物に敬語は使用しない。	✕

慣れるがイチバン！
選択問題

●本試験と同じ五肢択一の問題にトライしましょう。

次はホテルのフロントをしている槇原樹里が、お客さまのチェックインの際に言っている言葉である。中から<u>不適当</u>と思われるものを一つ選びなさい。

(1) 「お名前を頂戴してもよろしいでしょうか」

(2) 「お名前を伺ってもよろしいでしょうか」

(3) 「お名前をお聞かせいただけますか」

(4) 「お名前をお聞かせ願えますか」

(5) 「お名前をお尋ねしてもよろしいでしょうか」

答え (1)

解 説

(1) 不適当。名前は頂戴するものではなく、聞くものである。

(2) 適当。「伺う」は「聞く」の言い換え敬語である。

(3) 適当。「お～いただく」は謙譲語の活用である。

(4) 適当。「お～願う」は謙譲語の活用である。

(5) 適当。「お～する」は謙譲語の活用である。

マナー①　お辞儀、立ち居振る舞い

あなたならどうする？

Q1 タクシードライバーがお客さまを迎車するときの応対は？

Q2 タクシードライバーが送迎でお客さまのお宅を訪問するときの応対は？

1 お辞儀

　お辞儀はマナーの代表例です。マナーは、人間関係や社会生活の秩序を守る上で必要なものです。サービススタッフとして、お客さまを不快にさせない態度や立ち居振る舞いを身に付けましょう。

- ●会釈＝すれ違うとき・側を通るとき・用件を承るとき
- ●敬礼＝迎えるとき・承諾するとき
- ●最敬礼＝見送るとき・感謝や謝罪の意を表すとき

　お辞儀は、敵に首を差し出すという行動から生まれたものです。「あなたに敵意はございません」という意味があります。お辞儀の方法には二通りあり、より丁寧な印象を与えたい場合に分離礼を使用します。サービススタッフは分離礼を心掛けるのが望ましいでしょう。

- ●同時礼…言葉と同時にお辞儀する
- ●分離礼…語先後礼（先に言葉を言い、その後にお辞儀する）

■ お辞儀の種類

会 釈
15°

敬 礼
30°

最敬礼
45°

「失礼いたします」
「恐れ入ります」

「いらっしゃいませ」
「かしこまりました」

「ありがとうございました」
「申し訳ございません」

■ お辞儀のポイント

お辞儀のステップ（EYE to EYE）
① お客さまの目を見る
② パッと頭を下げ、いったん止める
③ ゆっくり頭を上げ、お客さまの目を見る

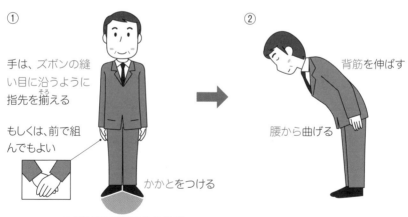

①

手は、ズボンの縫い目に沿うように指先を揃える

もしくは、前で組んでもよい

かかとをつける

つま先は10時10分の角度

②

背筋を伸ばす

腰から曲げる

　背筋を伸ばした姿勢が、きれいなお辞儀を作ります。中途半端に頭を下げるのではなく、**メリハリのきいたお辞儀**を心掛けましょう。

2 立ち居振る舞い

　立ち居振る舞いのマナーは、日常生活でも同じです。分け隔てなく誰に対しても感じのよい挙動や言動ができることが原則です。**日頃の所作や身のこなし・話し方**が、あなたのマナーとして評価されます。

- ●待機しているとき
- ●見送るとき
- ●訪問するとき

■待機しているとき

　背筋を伸ばし、手は前で組むか横に付け姿勢を正します。**重心は身体の中央に置き**、片側に寄らないように意識します。かかとは付けて、つま先は10時10分の角度に開きます。視線はキョロキョロせずに、柔らかい表情で周囲を見渡すようにします。お客さまが**どこから来ても分かるように**注意を払いましょう。

■見送るとき

　お客さまの姿が見えなくなるまで見送ります。車の場合は車が見えなくなるまで、エレベーターの場合は、扉が閉まり動き出すまでです。

■訪問するとき

　訪問前に身支度を整え、失礼のないよう次の点に注意します。

・お客さまのお宅では、玄関先で「**お邪魔いたします**」、「**失礼いたします**」の言葉を添える。

- 靴を脱ぐ場合は、正面に向かって脱いだ後、速やかに膝をついて靴の向きを外側にして隅に置く。

- **手土産**がある場合は、玄関先ではなく**部屋に通されてから渡す**。紙袋や風呂敷からは出す。
- 雨の日は、傘やレインコート、持ち物の滴を落として建物に入る。
- 冬場は、**建物に入る前（お客さまのお宅に入る前）にコートを脱ぐ**。
- コートは、内側が外側にくるようにたたみ、手袋やマフラーなどは外す。
- 辞去の際、使用したスリッパは向きを変えて整える。

Q1 の Best Answer　お客さまを迎えるときは、好印象を持ってもらうために優しい表情で正しい姿勢を保つ。

Q2 の Best Answer　インターホンを押す前に身支度を整える。玄関先では「お邪魔いたします」、「失礼いたします」の言葉を添える。

「サービススタッフはよき社会人であること」ですね！

・まとめ・ **マナー①**

　サービススタッフである前に**社会人としてのマナー**ができていることが大切です。いつでもどこでもどんな場面でも、誰に対しても、**礼儀を尽くす人**でいましょう。

●サービス別の具体的な事例について考えてみます。○か×で答えましょう。

事　例	答えと解説	
① **百貨店の店員** お客さまの側を通るときは、敬礼している。	場面に応じたお辞儀をすることが大切である。通り過ぎるときの基本は会釈である。	✕
② **カフェのスタッフ** お客さまを待つ間は、楽な姿勢でいる。	待機中でも、お客さまがいつ来てもいいように正しい姿勢でいることが基本である。	✕
③ **花屋の店員** 花のアレンジのオーダーを受けたときは、「承知しました」と言い敬礼している。	承諾の意を表すときは、敬礼が基本である。ただし、状況によっては会釈の場合もある。	○
④ **ブライダルショップのスタッフ** お客さまを見送るときは、姿が見えなくなるまで最敬礼している。	見送るときは、「ありがとうございました」の言葉を添え、姿が見えなくなるまで45°の角度で頭を下げることが基本である。	○
⑤ **営業のスタッフ** お客さまのお宅に伺ったとき、玄関先で手土産を渡した。	手土産は部屋に案内されてから渡すものである。	✕
⑥ **巡回スタッフ** お客さまのお宅に点検に伺うときは、靴を脱いで向きを変えている。	正面向きに靴を脱ぎ、膝をついて速やかに自分の靴を揃えることがマナーである。	○
⑦ **銀行の外回りスタッフ** 雨の日は、レインコートを着たままインターホンを押し、玄関先で脱ぐようにしている。	インターホンを押す前にレインコートを脱ぎ、身支度を整えるのが基本である。コートは内側にたたむこと。	✕

慣れるがイチバン！
選択問題

● 本試験と同じ五肢択一の問題にトライしましょう。

21日目

IV 対人技能

マナー①

次は空港施設に勤務する堀越康子が、マナーの大切さについて友人と話し合ったことである。中から<u>不適当</u>と思われる行動を一つ選びなさい。

(1) マナーは礼儀作法なので、レストランなどで食事を終えて席を立つとき、お礼の気持ちを言葉や態度で表すことではないか。

(2) 公共のエレベーターで操作盤の近くに立っているときは、乗り込んで来た人に対して階数を聞くのもマナーの一つではないか。

(3) コンビニエンスストアでトイレを借りるとき、スタッフが忙しそうにしている場合は、何も言わずに使用するのがマナーではないか。

(4) お客さまからのちょっとした依頼を引き受ける際は、会釈でもいいのではないか。

(5) マナーは社会人の常識だから、公共のマナーを守ることがサービススタッフの良識になるのではないか。

答え ③

解説

(1) 適当。日頃の挙動や言動がマナーの基礎になる。食事後には「ごちそうさまでした」という言葉や態度を表すことが礼儀である。

(2) 適当。思いやりや心遣いは相手のためにある。マナーも相手のためにあることが結果として自分のためにもなる。

(3) 不適当。「トイレのご使用はご自由にどうぞ」と案内している店があるが、使用前に言えない場合は、使用後にお礼を言う心遣いがマナーである。

(4) 適当。例えば、承諾の意を表すときのお辞儀は敬礼だが、場面によっては会釈になることもある。また、お礼は最敬礼だが、敬礼になることもある。要は状況に応じることが必要である。

(5) 適当。社会生活の秩序を守ることが公共のルールである。公共のマナーを守ることの延長線上に良識を持ったサービススタッフが存在する。

あなたならどうする？

Q1 お客さまをレストランの個室に案内するとき、ドアが内開きの場合はどうする？

Q2 ドアが外開きの場合は？

1 案内

　案内するときは、お客さまを**不安にさせない**ことが基本です。そのためには、**安心させる表情とどこまで案内するかを伝える**ことが必要です。方向や場所が分かると安心できるものです。

よい対応
・お客さまを安心させる言葉を掛ける
・お客さまを気遣う態度をとる

悪い対応
・無言で応対する
・お客さまを気にしない態度をとる

■歩くとき

　お客さまの少し（2〜3歩）**斜め前**を歩きます。これは、お尻を見せないことが礼儀であり、お客さまの**視界を遮らない**ようにするための配慮です。お客さまとの距離が離れ過ぎないよう、確かめながら歩きます。**長い距離の場合は、途中で言葉を掛けることも配慮の一つです。**

■ 階段やエスカレーター

お客さまの頭が**自分より必ず上**にあるようにします。

上るとき	お客さまが先、自分が後
降りるとき	自分が先、お客さまが後

注：「お足元にお気を付けください」と声を掛ける。

■ 入室

ドアがどちらに開くかによって、案内の方法が異なります。

内開き	ドアを開けて自分が先に室内へ入り、お客さまを招く
外開き	ドアを開けてドアノブを持ち、お客さまを先に通す

注：会議室などでは、必ずノック（3〜4回）してからドアを開ける。

内開き

外開き

お見送りの際も
同じですね。

■ エレベーター

エレベーターは**降りる人が優先**で、**扉の正面では待たない**のがマナーです。
お客さまに行き先や降りた先の**方向を伝える**ことも大事です。

無人の場合	乗るとき…先に乗り込んで操作ボタンを押し、お客さまを迎える 降りるとき…操作ボタンを押し、お客さまを先に降ろす
有人の場合	乗るとき…扉を押さえるか操作ボタンを押し、お客さまを先に 　　　　　乗せる 降りるとき…お客さまが先（自分が先の場合もある*）

*扉の前に自分がいる場合は、「お先に失礼いたします」と言葉を添え、自分が先に降りる。

2 席次

席次とは座席の順序のことです。**お客さま・目上の人・年長者**は「**上座**(かみざ)」に、**目下の人**は「**下座**(しもざ)」に座ります。基本の考え方を押さえましょう。

■ 上座と下座

応接室

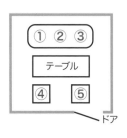

上座…ドアから遠い方

下座…ドアの近く

注：椅子にも次の順で格がある。

①長椅子

②一人掛けの椅子

③スツール

　（背もたれのない椅子）

会議室

上座…ドアから遠い方（**来客側**）

下座…ドアの近く（**自社側**）

注：それぞれ中央が上位

訪問先では、案内されるまでは下座で待つんですね。

社内会議

エレベーター

154

タクシー

乗用車

新幹線や電車

上座…進行方向の窓側

下座…通路側

注：対面で乗車する場合は、進行方向と逆に座ることになるため、お客さまの要望を聞く

レストラン

窓が見える側、入口から遠い方が上位

円卓

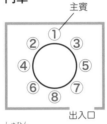

主賓の右が上位

中華料理

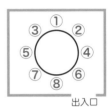

主賓の左が上位

　席次の基本はありますが、絶対ではありません。場面や状況に応じて臨機応変に対応できることが重要です。

Q1 の Best Answer　ドアを開けて「お先に失礼します」と言い、自分が先に入る。ドアノブを持ち、お客さまを迎え入れる。

Q2 の Best Answer　ドアを開けてドアノブを押さえ、「こちらへどうぞお入りください」とお客さまに入室を促す。

・まとめ・　**マナー②**

　日本の伝統として、左側が上位、右側が下位というのがあります。入口から遠い方が上座という基本に加えて覚えておきましょう。

チャレンジ サービス別 問題

●サービス別の具体的な事例について考えてみます。○か✕で答えましょう。

事 例	答えと解説	
① **日用品売り場のスタッフ** 品物の場所を聞かれたので、お客さまの後からついて案内した。	案内するときは、お客さまの少し（2～3歩）斜め前を歩く。	✕
② **レストランのスタッフ** お客さまに「エアコンの風があたらない席がいい」と言われたので、入口付近の席に案内した。	あくまでもお客さまの要望を優先することが基本。また、この場合は「入口の近くですがよろしいですか」と尋ねる。	○
③ **営業のスタッフ** 先輩と上司との3人で、取引先での会議に出席する際は、上司に一番奥の席を勧めた。	訪問先での会議室の場合は、一番奥の席ではなく中央が上位である。	✕
④ **保険会社のスタッフ** 訪問先の応接室で、奥の長椅子ではなく、ドアの前の1人掛けの椅子に座った。	1人で訪問する場合は、奥の長椅子のドアに近い席に座る。	✕
⑤ **書店の店員** 上の階に案内するときは、お客さまに先に階段を上ってもらった。	上がるときはお客さまが先である。例外として、お客さまがスカートの場合は、言葉を掛けて先に行くこともある。	○
⑥ **キルト教室の主宰** 生徒さんとの食事会で、中華料理の円卓に座るときは、年長者を中央にしてその隣に座った。	ゲストや年長者が座るのは上座である。ホストは下座のため、年長者の隣ではなく出入り口の近くに座る。	✕
⑦ **IT関係の社員** 社内会議の議長を担当するときは会議室の中央にある議長席に座った。	議長席は職位に関係なく中央である。両サイドが職位順、もしくは部署ごとの上席順となる。	○

次は営業職の渡辺司が、取引先のお客さまを自社に迎えて打ち合わせをすることになったときの渡辺の対応である。中から<u>不適当</u>なものを一つ選びなさい。

(1) エレベーターを待つ間は扉の横で待機し、お客さまには行き先の階数を伝えた。

(2) エレベーターに乗るとき中には誰もいなかったので、「お先に失礼いたします」と言い、先に自分が乗り込んで操作ボタンを押し、お客さまを迎え入れた。

(3) お客さまがエレベーターを降りるときは、中で操作ボタンを押しながら「左側です」と伝えた。

(4) 会議室までの通路では、お客さまの横で雑談しながら歩いた。

(5) 会議室では、奥のソファ席に案内した。

答え (4)

解説

(1) 適当。エレベーターの正面で待たないのが基本。行き先の階数をお伝えするのがマナーである。

(2) 適当。操作盤の近くが下座である。無人の場合は、「お先に失礼いたします」と自分が先に乗り込んで操作ボタンを押し、お客さまを迎える。

(3) 適当。お客さまが降りる前に、向かう方向を伝えることが配慮である。

(4) 不適当。お客さまとの関係にもよるが、基本は横ではなく少し斜め前を歩く。

(5) 適当。入口から遠い方の席、ソファ席が上座である。

マナー③　和室、食事

あなたならどうする？

料理を出す順番は？

Q1 和室で上位者から順に料理を出す場合の上座は？

Q2 食事中のお客さまに、次の料理を出したい場合どうする？

1　和室のマナー

　和室には、日本独自のマナーがあります。歩き方から正座の仕方、食事の仕方に至るまで細かな作法があります。日本人として伝統的な作法をマスターしましょう。

■和室の各部名称
　和室は原則床の間の前が上座です。

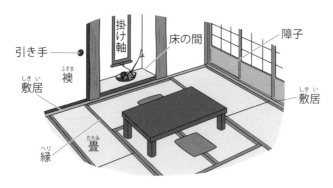

引き手

掛け軸

床の間

障子

襖（ふすま）

敷居（しきい）

敷居（しきい）

縁（へり）

畳（たたみ）

■ 敷居や畳の縁は踏まない

昔からの慣習で、敷居を踏むと家屋の建て付けが狂うなどの考え方があります。畳の縁が傷みやすいことも理由の一つです。

■ 座布団のマナー

座布団の上に立ってはいけません。また、相手に勧められるまでは座布団には座らず、勧められたら、**両手を座布団について膝から座ります**。

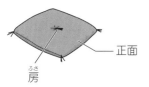

正面

ふさ
房

〈座布団の向き〉

・縫い目が無い方が正面
・中央に房が付いている方が表

■ 襖や障子のマナー

引き手に手を掛けて開けます。襖や障子を開けるときは一気に開けず、最初に5センチほど開けます。ドアノックと同じで中にいる方への配慮です。

その後、**ゆっくり開けてお辞儀をし、敷居を踏まないように**入ります。最後に体の向きを変え、引き手に手を掛けて**静かに閉めます**。

■ 正座のマナー

背筋を伸ばし、やや前に重心を置き、**両足先は合わせるか重ねます**。両手は八の字で膝の上に添えます。女性は膝を合わせます。

〈正座からの立ち上がり方〉

注：座礼の場合は、相手の目を見ないのが礼儀。

2 食事のマナー

食事のマナーは、料理によってさまざまです。正しいマナーを理解し、同席する人に**不快な思いをさせないように**気を付けましょう。

■ 和食のマナー

代表的な日本料理は3種類あります。

本膳料理 （ほんぜん）	日本料理の原点。格式が高い
	一の膳（本膳）から五の膳まであり、一度に出される
懐石料理 （かいせき）	茶事でお茶の前に出される
	一汁三菜（飯、汁、なます、煮物、焼き物）
会席料理 （かいせき）	本膳料理を簡素化したもの。酒宴料理として用いる
	先付け、吸い物、向付（お造り）、焼き物、煮物、揚げ物 蒸し物、酢の物、ご飯・汁・香の物、水菓子、菓子・お茶

和食は器や汁椀を持ち上げて食べますが、平皿や大きな器、大きめのお重などは持ち上げてはいけません。汁椀は、蓋を開けたら出汁を切って裏返しにして横に置きます。食事の**終了後は元通り**にします（裏返しはNG）。

■ 箸遣いのタブー

刺し箸	食べ物を箸で突き刺して食べる
渡し箸	食器の上に箸を置く
探り箸	器の中で料理を探る
迷い箸	器の上で箸を迷うように動かす
寄せ箸	箸で器を引き寄せる
ねぶり箸	箸の先をなめる
振り上げ箸	箸を持ったままの手を振り上げる
立て箸*	ご飯に箸を突き刺して立てる
拾い箸*	箸から箸へ食べ物を渡す

＊葬儀や仏式で使用される

立て箸

拾い箸

注：箸置きが無い場合は、箸袋を折って箸置き代わりに使用する。

■ 洋食のマナー

　カトラリーは外側から使用し、食器やカトラリーの音を立てないようにします。料理は左側からナイフとフォークで一口サイズに切り分けます。

ナプキンの扱い方

食事中　　　　　　　中座するとき

カトラリーの置き方

食事中　　　　　　　食べ終わり

■ 中華料理のマナー

　ターンテーブルは主賓から順に、**時計回り**に料理を取ります。全員に行き渡るように一人分の適量を考えて取りましょう。ターンテーブルの上に自分のグラスやお皿を置いてはいけません。

■ 立食パーティーのマナー

　料理は並んでいる順に取ります。何皿も取り置きしてはいけません。
　スピーチが始まった際は、食事の手を止め、話す人の方を向いて話に耳を傾けます。口の中に料理を含んだまま会話をしたり、無言で中座したりしないようにしましょう。

Q1 の **Best Answer**　和室の上座は床の間の前であり、奥から順に出す。

Q2 の **Best Answer**　「お料理をお出ししてもよろしいでしょうか」と声を掛け、お客さまの返答を待つ。

・ま　と　め・　**マナー③**

　食事の目的は同席者との親交を深めることにあります。会話が弾むよう話題に配慮し、相手をおもてなしする気持ちを忘れないのがマナーです。

 **問題** ●次のマナーの事例について、○か×で答えましょう。

事　例	答えと解説	
① **保険会社のスタッフ** お客さまのお宅で和室に通されたので、下座の座布団の上に正座して待った。	勧められるまでは、座布団に座らない。下座の座布団の横で正座して待つのがマナーである。	×
② **レストランでのディナー** 食事中、ナイフを落としたので、手を挙げてスタッフを呼んだ。	カトラリーを落とした場合、自分で拾うのはマナー違反。手を挙げてスタッフを呼ぶのが正しいマナーである。	○
③ **営業スタッフ** 食事中、電話がかかってきたのでナプキンをテーブルに置いて中座した。	中座するとき、ナプキンは背もたれか椅子の上に置くのがマナーである。	×
④ **販売店のスタッフ** スタッフ全員で中華料理を食べに行ったとき、好きな料理はたくさん取って食べた。	人数分の料理が大皿に載っているので、一人分の適量を取るのがマナーである。	×
⑤ **立食パーティー** 主賓のあいさつが始まったので、料理の皿とグラスをテーブルに置いてしっかり聞いた。	スピーチが始まったら、相手の方を向き、話を聞くのがマナーである。	○
⑥ **法事** 吸い物を食べた後、椀の蓋を裏返しにして重ねた。	食べ終わったら、腕の蓋は元通りにする。	×
⑦ **挙式披露宴** 魚料理が出てきたので、食べやすい右側から食べた。	肉料理でも魚料理でも、基本は左側から一口ずつ切り分けて食べる。	×

慣れるがイチバン！
選択問題

● 本試験と同じ五肢択一の問題にトライしましょう。

次は旅館のスタッフである井田玲子が、同僚と和室のマナーについて話し合ったことである。中から<u>不適当</u>と思われるものを一つ選びなさい。

(1) 料理を配膳するときは、畳の縁を踏まないようにするのがマナーではないか。

(2) お客さまに最初にあいさつするときは、目を合わせて座礼するのがマナーではないか。

(3) 床の間の前に座っている方が上位者だと考えていいのではないか。

(4) 襖を開けるときは、最初に少し開けてからゆっくり開けるのがマナーではないか。

(5) お客さまから「向付とは何か」と聞かれたら、「お造りです」と答えるのがいいのではないか。

答 え (2)

解 説

(1) 適当。畳の縁、襖や障子の敷居は踏まない。

(2) 不適当。座礼の場合、目を合わさないのが基本である。

(3) 適当。原則として和室の上座は床の間の前である。

(4) 適当。襖や障子を開けるときは、引き手に手を掛けて最初に5センチほど開けてからゆっくり開けるのがマナーである。

(5) 適当。関東では「お刺身」、関西では「お造り」と呼ばれる。お造りには昆布締めなどのひと手間加えたものが含まれている。最近では、切り身を刺身、船盛りのように飾り付けされているものをお造りと呼ぶ傾向になっている。

チャレンジ！　級別 実践問題

〈3級〉

1　百貨店の販売員をしている山口久美子は先輩から、「お客さまには失礼のないような言葉遣いが必要だ」と言われた。中から<u>不適当</u>と思われるものを一つ選びなさい。

(1)　「失礼ですが、何かお困りでしょうか」

(2)　「よろしければ、ご案内させていただきます」

(3)　「申し訳ございませんが、ご対応できかねます」

(4)　「恐れ入りますが、こちらでお待ちしてください」

(5)　「お差し支えなければ、詳しく教えていただけますか」

2　次はアドバイザーの仕事をしている岩橋卓也が、ビジネスマンとして良識ある人とはどのような人を指すのか、同僚と話し合ったことである。中から<u>不適当</u>と思われるものを一つ選びなさい。

(1)　報告・連絡・相談を滞りなくできる人が良識ある人ではないか。

(2)　お客さまとはコミュニケーションが大切。ときには、うわさ話や悪口も笑って話せる人が良識ある人ではないか。

(3)　いつでも公共のマナーを守る人が良識ある人ではないか。

(4)　誰に対しても、分け隔てなく変わらぬ態度で接する人が良識ある人ではないか。

(5)　敬語はもちろん、好ましい話し方ができる人が良識ある人ではないか。

〈答えと解説〉

〈3級〉
1　(4)　「お待ちしてください」は、「お待ちください」の誤用である。なお、「お待ちくださいませ」と言うと、より丁寧な印象が与えられる。

2　(2)　お客さまのプライベートな話をお聞きするのは正しいが、一緒になってうわさ話をするのは良識人とはいえない。

1　次の言い方を、意味を変えずにお客さまに言う丁寧な言い方に直しなさい。

(1)　「荷物を運ぶのに手助けが必要なら言ってほしい」

(2)　「電話に出た担当の名前は覚えているか」

2　携帯電話ショップのスタッフである清水優作は、お客さまには親切で丁寧な接客を心掛けている。中から<u>不適当</u>と思われるものを一つ選びなさい。

(1)　最初に、説明にかかるおよその時間を伝え、現在使用中の機種との違いを比較しながら説明している。

(2)　説明している間は、お客さまの表情や口調で注意深く反応を見るようにしている。

(3)　お客さまから質問がない場合は理解できているものと判断し、早く終わった方がお客さまにとって楽だと思うので一気に説明している。

(4)　「よく分からないから、とにかく早くして」と言われた場合、お客さまの希望内容を分かりやすく整理し、優先順位を確かめるようにしている。

(5)　帰宅するお客さまを見送る際は、困ったことがあればいつでも再来店してほしいと自分の名前を伝えている。

〈答えと解説〉

〈2級〉
1　(1)　（解答例）
　　　お荷物を運ばれる際、お手伝いが必要でしたらご遠慮なくお申し付けください。
　　(2)　（解答例）
　　　お電話にて承った私どもの担当の名前は、ご記憶でしょうか。

2　(3)　質問がないからといって、理解できているとは限らない。説明する場合は、お客さまとの足並みを揃えることが思いやりである。何よりも確認することが大切である。

Column

百人百様

　会計時にトレーを使用せず直接お釣りを渡すとき、硬貨を持たない方の手を、お客さまの手の下に添えるという所作があります。これは、お客さまが硬貨を落とさないようにする配慮ですが、私の友人はこの所作を、「余計なお世話で気持ち悪い」と言います。

　たとえ職場や組織のルールに従ったとしても、私の友人のように、お客さまによっては違和感を覚えてしまうことがあります。
　コミュニケーションにギャップはつきものです。ギャップにどう対応していくかが、サービススタッフの腕の見せどころなのです。

　文頭の場面の場合は、お客さまの怪訝^(けげん)そうな顔を見た瞬間に手を引っ込める、または「失礼しました」と言葉を添えることなどが考えられます。
　人は百人百様だからこそ価値観は違ってあたり前、サービスも百通りあると考えて、お客さま応対に臨^(のぞ)みましょう。

サービスは愛嬌^(あいきょう)と愛想^(あい そ)のコラボレーションです。自分でつくるのが愛嬌、人から学ぶのが愛想です。

第 V 章

実務技能

第Ⅴ章では、サービススタッフとしての業務を、
具体例を基に学びます。
問題はなぜ発生するのか。
また、問題そのものをどのように捉<ruby>捉<rt>とら</rt></ruby>えるか、
苦情やクレームに応対する方法まで理解します。
他にも、職場の環境整備や金品の管理や搬送、
社交儀礼などの業務知識を深めます。

V 実務技能
問題の処理

あなたならどうする？

Q1 クリーニング店でお客さまから「セーターが縮んでしまった」とクレームを言われた場合どうする？

Q2 通常は4日かかる品物を「3日で仕上げることはできないか」と言われた場合どうする？

1 問題の捉え方

お客さまの期待が不満に変わったとき、問題は生まれます。問い合わせや注文、要望・クレーム（苦情）に至るまで、問題には誠実に向き合って速やかに対応することが基本です。対応次第では、お客さまが自社のファンに変わることも少なくありません。

- ●クレームの存在はありがたいもの
- ●不満を増大させない

よい対応
- ・誠実に傾聴し、速やかに行動して改善する
- ・不快にさせてしまったことを心から詫びる

悪い対応
- ・行動しないで、待たせる
- ・口先だけで詫び、適当にあしらう
- ・店側の事情のみをお客さまに押し付ける

■ 不満の存在

お客さまはどのようなことに不満を感じるのでしょうか。大別すると「物」と「人」に分かれます。「物」への不満としては、欲しかった商品が手に入らない、**商品への期待外れ**などが挙げられます。

一方、「人」への不満は、お客さまへの対応が原因と考えられます。思いやりのなさ、説明不足などからお客さまは不満を感じるのです。

不満を増大させる言葉
- 「はい、はい」
- 「でも」、「しかし」
- 「先ほども申し上げましたが」
- 「そうはおっしゃっても」
- 「では、返金すればよろしいですか」

> 言い訳や居直りは
> NGですね。

■ 明るみになるクレームはごく一部

不満が拡大するとクレームになりますが、不満がクレームにまで変化するのはごく一部です。大半は**お客さまの心の中に留まる**だけです。これが、お客さまが自社を利用しなくなって売上が下がるという悪循環を招くのです。

そのため、クレームを言われることは**実はありがたいこと**なのです。

> 「ピンチはチャンスと心得よ」ですね！

苦情やクレームは、受け取ったスタッフ一人の責任ではありません。スタッフを教育・管理する**店や組織全体の責任**でもあるのです。同じ苦情を受けないよう、改善に向けて**組織全体で共通認識を徹底**することが大切です。

Q1 の Best Answer　お客さまの怒りが静まるまで傾聴する。誠実に心から詫び、お客さまが冷静になったところで解決案を提案する。

2 問題への対応

　問題への対応は原則、**会社の業務ルールに従います**。判断に困る場合は上司に相談して指示を仰ぎます。その場の雰囲気に負けてお客さまの**要求を全て受け入れてしまわないよう**気を付けましょう。

●迅速な対応でお客さまを待たせない
●誠実な対応でお客さまとの関係を修復
●お客さまに寄り添う対応でファンを獲得

・内容がどうであれ謝罪をする
・お客さまの思いや考えを聞き、心情を理解する
・会社のルールに則って解決策を考える
・お礼の言葉を言う

・お客さまの要望を聞かずに反論する
・ルールを無視して自己判断する

■問い合わせや注文の場合

　お客さまは、迅速に対応してくれることを期待しています。スタッフが「お調べします」と言ったきりで長い間待たせてしまうと、新たな問題になります。**速やかに対応し**、かつ**具体的に説明する**ことを心掛けましょう。

例：「お待たせしました。〇月〇日には入荷予定でございます。
　　　よろしければ、お取り置きいたしましょうか」

■要望や欲求の場合

　受け入れられるものとそうでないものに分かれますが、まずは誠実にお客さまの声を聞きます。受け入れられない場合は必ず**理由**を述べます。お客さまの声はありがたいビジネスチャンスです。必ずお礼を伝えましょう。

例：「ご意見ありがとうございます。**貴重なご意見として今後の参考に
　　　させていただきます**」

■事故やトラブルの場合

　ぶつかって怪我をする、什器が倒れるなどの不慮の事故や、お客さま同士の喧嘩など、店内で発生したトラブルの場合、基本的には店側の責任として対応します。お客さまの安全を確保することも仕事の一つです。周囲に配慮し、お騒がせしたことを謝罪します。

■苦情やクレームの場合

クレーム対応のプロセス

| 謝　罪 | 傾　聴 | 解決策 | 謝罪・感謝 |

　上図の通り、解決策を提示する前にお客さまの感情に寄り添うことが大事です。まずは不快にさせたことに対して謝罪することから始めます。

　また、お客さまが話している間は途中で言葉を遮ったり、反論したりするのは逆効果です。最後まで傾聴し、寄り添い、お客さまの心が感情的なものから理性的なものに変わるまで待ってから解決策の提案に入りましょう。

> 例：「ご不快な思いをさせてしまい申し訳ございません。恐れ入りますが詳しいお話をお聞かせいただけますでしょうか」
> （話を聞き終えて）「さようでしたか……お怒りはごもっともです」

Q2 の Best Answer　イレギュラーな要望であっても、応えようとする姿勢を見せる。その上で、無理な場合は丁重に断り、謝罪する。

・ま　と　め・　　**問題の処理**

　問題の大きさにかかわらず、真摯な態度がお客さまの心を動かします。お客さまは自分の存在意義が認められれば、聞く耳を持ってくれるものです。まずは寄り添い、声を聞くことで解決へと向かいます。

チャレンジ
サービス別
問題

●サービス別の具体的な事例について考えてみます。○か✕で答えましょう。

事　例	答えと解説	
① **レストランのスタッフ** 大声で騒ぐお客さまには、毅然とした態度と強い口調で注意している。	マナーやルールを守らないお客さまには、周囲のお客さまに配慮して、穏やかな口調でお願いする姿勢が正しい。	✕
② **洋服店の店員** お客さまの希望サイズの服が在庫切れだったので、入荷日を伝えるとともに、類似商品を薦めた。	商品の在庫切れの場合、すぐに取り寄せを手配し、入荷予定を伝える。同時に、似たタイプの別の商品も薦めるとよい。	○
③ **配送コールセンターのスタッフ** 荷物が届かないというお客さまには、「順番にお届けしていますのでお待ちください」と伝えている。	事実だけではお客さまは納得しない。必ず、感情に寄り添って謝罪することが必要である。	✕
④ **お客さま相談室スタッフ** 窓口の対応が悪いと言われたので、謝罪し、詳しい内容を聞かせてほしいとお願いした。	苦情やクレームの場合は、謝罪とともに状況を正しく把握することが大切である。	○
⑤ **レンタルルームのスタッフ** 「エアコンが効かない」と言われたので、「同じタイプの空室がございますが、ご変更なさいますか」と打診した。	常に全体の状況を把握しておくことが大切である。	○
⑥ **洋菓子店の店員** 「ケーキが傾いていた」と苦情を言われたときは、落ち度がなくても「配慮が足らず申し訳ございません」とお詫びしている。	こちらに非がない場合でも、お客さまに不快な思いをさせたことに対して謝罪する必要がある。	○
⑦ **かばん店の店員** 商品に傷があり返品に来たお客さまには「誠に遺憾に存じます」と謝罪の言葉を述べた。	遺憾は残念という意味であり、謝罪にならない。商品を渡すときに注意深くチェックすることが必要である。	✕

172

●本試験と同じ五肢択一の問題にトライしましょう。

洋服の通信販売でカスタマーサービスを担当している南明日香は、お客さまから「届いた服がイメージと違っていた」という電話を受けた。次はそのとき南が言ったことである。中から**不適当**と思われるものを一つ選びなさい。

⑴ 「ご期待に添えず申し訳ございません」

⑵ 「今後のためにも、ぜひお客さまのご意見をお聞かせ願えませんか」

⑶ 「イメージをきちんとお伝えできず申し訳ありません。着心地のよい商品ですので、よろしければ一度お試しくださいませ」

⑷ 「最新の売れ筋の商品ですが、お気に召さないのであれば、いたしかたございません」

⑸ 「お客さまの声は貴重です。お電話いただきありがとうございました」

答え ⑷

解 説

⑴ 適当。最初に不快な思いをさせたことに対して謝罪し、その後お客さまの言い分を傾聴する。

⑵ 適当。お客さまの要望を詳しく聞くことができれば、改善に生かすことができる。

⑶ 適当。丁寧に謝罪した後、自社製品を試してもらえるよう提案するのは営業努力である。

⑷ 不適当。お客さまの声を聞かずに店の都合を主張する発言は、苦情を助長させるものである。

⑸ 適当。今後につなげるためにも、電話をくれたことに対する感謝の気持ちを伝えることは大切である。

あなたならどうする？

Q1 お客さまが居心地（いごこち）よく過ごせる接骨院にするにはどうしたらよいか？

Q2 営業時間変更のお知らせはどのように書けばよいか？

■ 快適な環境づくり

すみずみまで清掃が行き届いている店や施設は、**清潔感と品質のよさ**を感じさせます。内部から外観に至るまで**環境を整備する**ことで、お客さまだけでなく、サービススタッフにとっても**快適な空間**にすることができます。

■ 環境を整える「5S」

5S とは、①整理、②整頓、③清掃、④清潔、⑤しつけの頭文字を取ったもので、環境の整備に欠かせないものです。一つずつ確認していきましょう。

①整理…片付けると物の所在が一目で分かり、**仕事の効率が上がります**。

よい対応
・商品や備品がなくなっていたら**補充**をする
・カタログやパンフレット類は**手の届く場所に配置する**

悪い対応
・剥（は）がれかけたポスターや掲示物をそのままにする
・期限が切れたパンフレットをいつまでも置いておく

②整頓…見た目のきれいさだけでなく、**仕事のスピードを上げられます。**

・陳列棚は、**品番や色、サイズ別に並べる**
・テーブルや椅子、かごなどは元の位置に戻す

・店先の自転車やバイクが雑然と置かれていても放置する
・タオルなどのたたみ方がバラバラでも気にしない

③清掃…汚れやほこりが無いことは、**衛生的にも視覚的にもきれいです。**

・床やカーペット、窓の汚れを取る
・棚やテーブル、椅子などは拭き、置物やブラインドなどは
　はたきでほこりを払う

・目立つ場所だけ清掃をする
・気が向いたときにだけ清掃をする

④清潔…整理整頓、清掃がすみずみまで行き届いていることをいいます。

・観葉植物の枯れた葉は取り除き、葉についたほこりを払う
・棚の後ろやベッドの下など、**見えないところまで清掃する**

・店内の時計にほこりが溜まっていても気にしない
・ごみ箱が満杯になるまでごみを捨てない

⑤しつけ…快適な環境づくりを**習慣化**することをいいます。

・**お客さまが気付く前に、**自分で気付けるようにする
・**心の余裕を持ち、**気持ちよく働く

・疲れているときは、**手を抜く**
・清掃や片付けを気分次第でする

■ 外観の整備はお客さま目線で

　お客さまが利用したくなる店づくりのためには、清潔感（第Ⅰ章 P.46）は欠かせません。AIDMA 心理（第Ⅱ章 P.75）も参考にして、思わず利用してみたくなる店を演出しましょう。

> **外観整備のポイント**
> ● 店や店舗周辺、駐輪場や駐車場にゴミが落ちていないか
> ● 外壁が汚れていたり、落書きなどがされていたりしないか
> ● ショーウインドーにほこりが溜まっていないか
> ● 看板や窓、ドアの取っ手は汚れていないか
> ● 植え込みや鉢植え、観葉植物は枯れていないか
> ● 照明は適切か
> ● 自転車やバイクが店先にある場合、整然と置かれているか
> ● ポスターや掲示物が見やすく分かりやすいか

■ 掲示物の注意点

① 受信者は「各位・（お客さま・患者さま・利用者さま）各位」とする
② 発信者は「店主・店長・院長」など責任者とする
③ タイトルを入れる
④ 文章は簡潔に、最初と最後にあいさつ文を入れる
⑤ 本文は５Ｗ３Ｈに注意して書く

　　・When（いつ）　┐
　　・Where（どこで）　│
　　・Who（誰が）　　├─５Ｗ
　　・What（何を）　│
　　・Why（なぜ）　┘

　　・How（どのように）　┐
　　・How many（数量）　├─３Ｈ
　　・How much（金額）　┘

　　＊場合によっては、How long（期間）もある

Q1 の Best Answer 床はベッドの下まで清掃する。ベッド周りは枕やシーツに汚れがないか、しわがないかに注意する。ベッドフレームも拭く。他にもスリッパが劣化していないか、時計は正確か、観葉植物は生き生きしているかなどがある。

Q2 の Best Answer

患者さま各位
　受信者　　　営業時間変更のお知らせ
　　　　　　　　　　　　　　　　　　　　　　　　タイトル

あいさつ文　日頃よりご利用いただきありがとうございます。
　　　　　誠に勝手ながら、8月1日（木）より、当院は
　　　　　営業時間を変更いたします。
あいさつ文　ご理解のほどお願い申し上げます。

　　　　　　営業時間　　　午前9時〜午後8時

　　　　　　　　　　　　　　　　　　　　　　院長
　　　　　　　　　　　　　　　　　　　　　発信者

「環境は、場を整え、心を整える」ですね！

・ま　と　め・　**環境の整備**

　環境整備は、病院や介護の現場だけでなく全ての業種に課せられた問題です。快適な環境をつくり出すためには、**スタッフの細かな目配りが必要**です。しつけの心を忘れず日々の業務に取り組みましょう。

177

●サービス別の具体的な事例について考えてみます。○か✕で答えましょう。

事　例	答えと解説	
① **日用品店のスタッフ** 特売品コーナーは整理してもすぐに乱れるので、一日の終わりに片付ける。	整理整頓は、気付いたら何度でもすることが大切。商品が見やすくなり、お客さまが選びやすくなる。	✕
② **高級ブティックの店員** フィッティングルームは、常に鏡を磨き、床には髪の毛が落ちていないかを確認している。	鏡が磨かれていると気持ちのよいもの。また、落ちている髪の毛はこまめに清掃する。	○
③ **レストランの店員** 化粧室の清掃は手の空いたスタッフがするようにしている。	化粧室やバックヤードなどの清掃は、定期的に人員を配置することが望ましい。	✕
④ **ゴルフショップのスタッフ** 試打用のクラブは、汚れるので磨かなくてもよい。	お客さまが手にするものをきれいにすることは、商品の購買につながる。	✕
⑤ **文具店の店員** ボールペンやシャープペンシルの傍には、書き心地を試してもらうためのメモ用紙を配置している。	筆記用具は試し書きをして購入するお客さまが大多数である。メモ用紙の補充も抜かりのないようにしたい。	○
⑥ **傘販売店のスタッフ** ショーウインドーでは傘を開いた状態で陳列し、店内では値段別に陳列している。	分かりやすいディスプレイや整然としたコーナーづくりをすれば、商品を見やすく選びやすい店内となる。	○
⑦ **旅行会社のスタッフ** パンフレットは無くなり次第補充している。	パンフレットは無くなる前に常に補充することが鉄則である。	✕

慣れるがイチバン！
選択問題

● 本試験と同じ五肢択一の問題にトライしましょう。

25日目

V 実務技能

環境の整備

美容室のスタッフである荒木新太郎は、店長からお客さまの居心地がよくなるよう、店内に注意を払うように指示された。中から<u>不適当</u>と思われるものを一つ選びなさい。

(1) 鏡や窓は、毎日ガラスクリーナーを使用して乾いた布で丁寧に磨くようにする。

(2) お客さまが読んでいた雑誌は、お客さまが帰った後、そのまま所定の位置に片付けるようにする。

(3) 椅子に髪の毛が落ちていないか注意深く確認し、見付けた場合はクリーナーで取り除くようにする。

(4) 観葉植物には適量の水をやり、定期的に葉を拭いてほこりを取るようにする。

(5) 天気によって空調を調節するように注意する。

答え (2)

解説

(1) 適当。基本的には乾いた布の使用が適切であるが、窓ガラスなどで汚れが取れない場合は、濡れた布で拭いてから乾いた布で拭き取る二度拭きをするとよい。

(2) 不適当。雑誌は、髪の毛が挟まれている場合や、ページがよれていたりする場合が多い。髪の毛を取り除き、よれたページを元通りにする。

(3) 適当。椅子の背もたれやシートは髪が落ちやすいので、次のお客さまのためにもきれいに掃除する。

(4) 適当。観葉植物が生き生きしていると、清潔感にあふれ空気がきれいだという印象を与えることができ、お客さまの安心につながる。

(5) 適当。天気やお客さまの着ている洋服によって、空調を調節するのは配慮ある行動である。

金品の管理と搬送

あなたならどうする？

Q お客さまへの丁寧な金銭の受け渡し方は？

■ 正確・丁寧な扱い

　金品の管理とは、お客さまから代金を受け取って商品を渡す一連の行動を指します。また、代金を清算所へ運んだり、商品を包装・発送したりすることを金品の搬送*といいます。いずれも、**正確さと丁寧さ**を心掛けましょう。

■金銭の受け渡しの流れと言葉遣いの例

お客さまの顔を見て金額を伝える	「○○円でございます」
両手で代金を受け取る ＊お釣りがない場合	「○○円お預かりいたします」 ＊「○○円、ちょうど頂戴いたします」
お釣りは紙幣、硬貨の順にトレーに乗せるか、両手で渡す （紙幣は同じ向きに揃え、硬貨は一目で分かるように並べる）	「○○円のお返しでございます。 お確かめくださいませ」
レシートや領収書を渡す	「レシート（領収書）でございます」

■ 領収書を書く際の注意点

名前／社名は省略しない。社名
は前後どちらに株式／有限会社
が付くか確認する

発行日を書く

領 収 書　△年 △月 △日

株式会社　ABC　様

¥ 15,000 −　　印 紙

ただし、ご飲食代として
上記正に領収しました　消印

税込価格を算用
数字で書き、前後
の「¥」、「−」は 必
ず書く

内　訳
税抜価格
消費税額

東京都○○区○○町
□□□□□□　印

税抜きで５万
を超える場合
は、収入印紙と
消印が必要

・記入は消えないペンで行う
・複写した控えは保管する

ただし書きは、「お品代」
といったあいまいな書き
方はしない

発行者 (店) は名称
と住所を記載し、印
を押す

■ 商品の包装と発送

　商品を包装するときは次の点に注意します。

・包む前に、商品に**傷**や**汚れ**がないかを確認する。

・**壊れやすいもの**は保護してから包み、重いものは紙袋を**二重**にする。

・雨の日は紙袋に**ビニールのカバー**をかけ、かさばるものは**持ちやすくなる**
　よう<ruby>配慮<rt>はいりょ</rt></ruby>する。

・**簡易包装**になる場合は、それでもよいかを尋ねる。

　また、配送を希望された場合は、指定伝票に記入してもらうかスタッフが
代理で記入します。その際、**壊れやすい商品は明記する**ようにしましょう。

Q の **Best Answer**　お客さまの顔を見て、正しい<ruby>言葉<rt>こと</rt></ruby><ruby>遣<rt>ば</rt></ruby><ruby>い<rt>づか</rt></ruby>で、両手での受け取りや
受け渡しを行う。必ず復唱確認をする。

・ま と め・　**金品の管理と搬送**

　金品管理はお客さま応対の仕上げです。ここで、
サービスの総合評価が決まります。

＊金品の搬送は２級のみの出題範囲です。

チャレンジ サービス別 問題

●サービス別の具体的な事例について考えてみます。○か✕で答えましょう。

事　例	答えと解説	
① **コンビニエンスストアの店員** お釣りの紙幣は、なるべくきれいな紙幣を選んで渡している。	きれいな紙幣のお釣りは受け取る側が心地よい。汚れた紙幣や硬貨を受け取った際は、お釣りに使わないのも配慮の一つ。	○
② **レストランのスタッフ** お客さまから「領収書の金額は空欄で」と言われたので、そのまま渡した。	領収書の金額を空欄にして渡すのは適切ではない。	✕
③ **雑貨店の店員** ガラス食器を購入された場合は、ビニールを二重にして包装している。	壊れやすい商品は、配慮して包装することがサービスである。	○
④ **ホテルのキャッシャー** お客さまから「細かくなってもいいですか」と言われたので、「いいですよ」と答えた。	お客さまの気持ちに配慮し、「どうぞお気になさらず」と丁寧な言葉掛けをする。	✕
⑤ **ドラッグストアの店員** お釣りがない場合は、商品とレシートを一緒に渡している。	お釣りがない場合も、レシートと商品は別々に渡す。	✕
⑥ **書店の店員** クレジットカードでの支払いの場合は、「お預かりいたします」と言葉を添えている。	行動に添えるべきなのは、丁寧な言葉遣いである。無言で受け取らないようにする。	○
⑦ **量販店の店員** 千円札でお釣りを渡すときは、お客さまと一緒に枚数を確認してもらっている。	金銭授受で紙幣の枚数が多い場合は、お客さまと一緒に枚数を確認すればトラブルを防ぐことができる。	○

慣れるがイチバン！
選択問題

● 本試験と同じ五肢択一の問題にトライしましょう。

次は紳士服の店員である塩沢亮が、お客さまに気持ちよく買い物を終えてもらうために会計時に気を配っていることである。中から<u>不適当</u>と思われるものを一つ選びなさい。

⑴ レシートの上に硬貨を置き、レシートが飛ばないようにしてお釣りを渡している。

⑵ 会計の最後には、「またのご利用をお待ちしております」と伝えている。

⑶ 領収書を希望するお客さまには、レシートは渡さないようにする。

⑷ 5千円札がなく、千円札でお釣りを渡すときは、「細かくなり申し訳ありません」と言葉を添えている。

⑸ お釣りに硬貨が多数あるときは、見やすいようにずらしてトレーに置いている。

答 え ⑴

解 説

⑴ 不適当。お釣りとレシートは別々に渡すのが基本である。

⑵ 適当。会計の最後に、お礼の言葉と印象に残る言葉を伝えるのは、お客さまにとって心証がよい。

⑶ 適当。領収書とレシートを両方渡すことは、重複することになる。領収書を発行した場合は、レシートは渡さないのが基本。

⑷ 適当。お釣りはできる限り高額の紙幣と硬貨で枚数を少なくするのが基本だが、やむを得ず細かくなる場合は、ひと声掛けて、紙幣などは一緒に枚数を確認してもらうと間違いがない。

⑸ 適当。基本、トレーがあるときは、トレーを使用する。ひと目でお釣りが分かるよう、紙幣をずらして置くなどの分かりやすい配慮をする。

あなたならどうする？

Q1 出産祝いの品を3名で贈る場合に気を付けるポイントは？

Q2 入学祝に相応（ふさわ）しい品物は？

1 社交儀礼

　社交儀礼とは、社交上（人や組織の交わり）のしきたりのことで、サービススタッフとして身に付けておきたい知識です。現金を贈る祝儀袋（しゅうぎぶくろ）、不祝儀（ぶしゅうぎ）袋（ぶくろ）、贈答品に掛ける掛け紙は、内容に応じて水引（みずひき）や上書きを使い分けられるようにしておきましょう。

■ 祝儀の上書き（慶事（けいじ））

結婚	御祝・寿・結婚御祝
出産	御祝・御出産祝
初節句	初節句御祝
入学・卒業・成人・就職	御入学祝・御卒業祝・御成人祝・御就職祝
新築（自宅・社屋）	御新築祝（社屋の場合は御落成祝）
建前の祝い	御上棟祝（ごじょうとういわい）
新規開店	御祝・開店御祝・祈御発展（いのるごはってん）・祈御繁盛（いのるごはんじょう）

昇進・栄転	御昇進祝・御栄転祝
転勤・引っ越し・退職	御餞別（おせんべつ）
結婚記念	御祝（例：銀婚式御祝）
長寿	御祝・寿・祈御長寿（いのるごちょうじゅ）（例：祝古希（しゅくこき））

■ 不祝儀の上書き（弔事（ちょうじ））

神式	御神前・御榊料（おんさかきりょう）・御玉串料（おんたまぐしりょう）・御霊前
仏式	御霊前・御香典（おこうでん）・御香料（おこうりょう） ＊四十九日までは「御霊前」、法要は「御仏前」
キリスト教式	御花料（おはなりょう）・御霊前
香典返しの場合	志（こころざし）・忌明け（きあけ）
お寺・僧侶へのお礼	御布施（おふせ）・御経料（おきょうりょう）（神官、教会へは「御礼」）

■ 見舞いの上書き

病気見舞い	祈御全快（いのるごぜんかい）・御見舞
病気見舞いへのお返し	快気祝（かいきいわい）・全快内祝（うちいわい）
災害見舞い	災害御見舞・祈御復興
楽屋見舞い	御祝・御祝儀・楽屋御見舞
スタッフへの見舞い	陣中御見舞・祈御健闘

■ その他の上書き

御礼一般	御礼・薄謝（はくしゃ）・心付（こころづけ）（目上へ）／寸志（すんし）（目下へ） 御礼・謝礼（お世話になった人への御礼の品物）
手土産、贈り物	粗品（一般的な手土産）・寸志 御酒肴料（ごしゅこうりょう）（宴席などへの差し入れの代わりに贈る金銭）
身内での慶事に対してまたはそのお返し	内祝

■ 水引の種類

ちょう結び

〈水引の色〉

慶事…紅白、金銀

弔事…黒白、黒、
　　　銀色

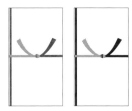

結び切り

〈何度あってもよい祝い〉
出産・入学・開店など

〈二度あっては困るもの〉
結婚・葬式・病気など

■ 上書き（贈り主の書き方）

夫婦

御祝

山田一郎
花子

・中央に夫の名前
・左側に妻の名前

役職の違う２名

御祝

渡辺　山本
進　力

・中央の右側に上位者
・中央の左側に他１名

４名以上

御祝

鈴木京子
外一同

・中央に代表者名
・左側に「外一同」

■ 包み方

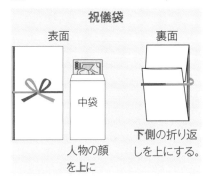

祝儀袋

表面　　　　　　　裏面

中袋

人物の顔を上に

下側の折り返しを上にする。

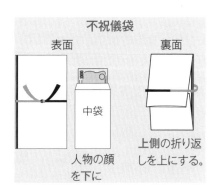

不祝儀袋

表面　　　　　　　裏面

中袋

人物の顔を下に

上側の折り返しを上にする。

Q1 の Best Answer　水引はちょう結びを使用する。品物の掛け紙の上書きは「御祝」「御出産祝」とし、３名（複数人）で贈る場合は、右上位で書く。

2 贈り物の知識

　サービススタッフは贈り物の相談に乗ることも多く、目的や予算に合った贈り物の知識が必要です。適切な贈りどきと品物を押さえましょう。

■ 目的ごとの贈り物の注意点

目 的	贈りどき	主な好適品
結婚祝い	挙式前、知らせを受けたら早々に	相手の希望に合うもの
出産祝い	誕生から3週間ほど	ベビー用品などの実用品
入学・卒業	確定後、極力早め	文房具など実用品
就職祝い	確定後、極力早め	名刺入れ、筆記具など
栄転祝い	確定後、極力早め	ハンカチなどの実用品
長寿祝い	誕生日まで	相手の趣味に合うもの
開店・開業祝い	当日まで	掛け時計など
受賞・叙勲祝い	確定後、極力早め	置時計など
記念式、落成式	招待状の受け取り後早々に	花、花瓶など
新築祝い	完成後早々に	酒類、観葉植物など
病気見舞い	見舞い時に持参	図書カードなど

　　＊お返しの品は本来持参するものだが、送っても失礼にはならない。
　　＊お返しの品を送る場合は、あいさつ状を別送した方がよい。

Q2 の **Best Answer**　文房具といった実用品がよい。確定してから極力早めに贈る。

・ま と め・ **社交業務**

　慶事・弔事それぞれにふさわしい社交儀礼の知識が問われます。お客さまに適切なアドバイスができるよう、豊富な知識を持ちましょう。

 問題　●次の社交業務にかかわる事例について、
〇か✕で答えましょう。

事　例	答えと解説	
① 結婚祝いの祝儀袋に紅白のちょう結びの水引を選んだ。	紅白の結び切りの水引が適当。ちょう結びは何度あってもいい慶びごとに使用する。	✕
② 出産祝いにベビー服を選び、上書きを「御祝」にした。	出産祝いの贈り物はベビー用品がふさわしい。上書きは「御祝」か「御出産祝」とする。	〇
③ 引っ越しを手伝ってくれた先輩に「寸志」と書いて謝礼を渡した。	「寸志」は目下の者に対して使用する。先輩には「御礼」か「薄謝」、「心付」である。	✕
④ 開店祝いを贈るのは開店してからでも遅くない。	基本的には、開店前までに贈るのが正しい。	✕
⑤ 病気見舞いのお返しで、上書きを「内祝」とした。	「病気見舞い」のお返しは「快気祝」などである。「内祝」は身内での慶事に対してまたはそのお返しに使用する。	✕
⑥ 香典返しの上書きは「志」である。	「志」や「忌明け」などを使用する。	〇
⑦ 新築祝いとして、完成してすぐに日本酒を贈った。	完成後の早い時期に、酒類や観葉植物などの品物を贈るとよい。	〇

百貨店の催事コーナーを担当する吉田綾乃は、後輩から掛け紙の上書きについて相談された。次はそのときの吉田の答えである。**不適当**と思われるものを一つ選びなさい。

(1) 会社名を書くときは、名前の右側に小さめに書く。

(2) 夫婦連名の場合、中央に夫の氏名を書き、その左側に妻の名だけを書く。

(3) 役職の異なる2名が連名で贈る場合は、上位者の氏名を中央に書き、その左側にもう一人の氏名を書く。

(4) 複数で贈る場合は、中央に代表者を書いてその左側に外一同と書き、全員の氏名を書いた紙を入れる。

(5) グループなどで贈る場合、中央にグループ名を書き、「○○一同」とする。

答え (3)

解説

(1) 適当。会社名は名前の右側に、名前より小さく書く。

(2) 適当。中央に夫の氏名、妻はその左側に名だけを書く。

(3) 不適当。中央の右側に上位者の氏名を、中央の左側にもう一人を書く。

(4) 適当。3名までは氏名を書くが、それ以上になると代表者のみ中央に書き、その左側に外一同と書く。

(5) 適当。中央に「○○一同」とグループ名のみを書く。

チャレンジ！　級別 実践問題

〈3級〉

1　レストランのスタッフ小泉理央は、店長から「お店の環境はお客さまの印象を左右するので気を付けなければならない」と言われた。次はそのとき小泉が考えたことである。中から<u>不適当</u>と思われるものを一つ選びなさい。

(1)　椅子やテーブルの位置がずれていないか、テーブルクロスが曲がっていないか注意深く見るようにしよう。

(2)　入口の取っ手や窓ガラスは、常にきれいな状態に保つよう、気が付いたら磨くようにしよう。

(3)　手が空いたときは、客席の紙ナプキンや調味料を補充するようにしよう。

(4)　雨の日に備えて傘カバーを準備し、常に入口に置いておくようにしよう。

(5)　店先にごみが落ちていないか定期的にチェックするようにしよう。

2　文具店に勤務する坂口智也は、お客さまから形式が分からない葬儀に行く場合の不祝儀袋について相談された。適当と思われるものを一つ選びなさい。

(1)　「御仏前」

(2)　「御霊前」

(3)　「御榊料」

(4)　「御香典」

(5)　「御花料」

〈答えと解説〉

〈3級〉

1　(4)　傘カバーを常に入り口に置いておくと、整頓されていない印象になる。傘カバーは雨が降ってきたら準備する。

2　(2)　葬儀の形式が分からない場合は、全てに通用する「御霊前」を使用する。

〈2級〉

1 和菓子店に勤務する星野美夏は店の主人から、「5月10日から5月13日の間休業するので、そのことを知らせるために体裁のよい掲示文を作るように」と指示を受けた。この場合の適切な掲示文を答えなさい。

2 料亭のお客さま係をしている宮川京子は、お客さまから名刺を渡され領収書が欲しいと言われた。次はそのときの宮川の対応である。中から不適当と思われるものを一つ選びなさい。

(1) 両手で、やや頭を下げて名刺を受け取った。

(2) 会計額が税抜きで5万円だったので、収入印紙を貼り消印を押した。

(3) ただし書きは「ご飲食代」とした。

(4) 領収書を渡すときに、「またのご利用をお待ちしております」とお礼を述べた。

(5) 領収書に店名と住所、電話番号を明記し、日付を記入せずに渡した。

〈答えと解説〉

〈2級〉

1 （解答例）

お客さま各位

休業のお知らせ

　毎度ご愛顧いただき、ありがとうございます。

　誠に勝手ながら、都合により5月10日～5月13日の期間休業いたします。

　5月14日からは通常営業いたします。

　皆さまのご来店を心からお待ち申し上げます。

店主

---

2 (5) 必ず発行日当日の日付を記入しなければならない。

191

信頼を築く

　ハワイのことわざに「No Rain, No Rainbow」があります。直訳すると、「雨が降らないと虹は出ない」です。

　雨の日のように憂鬱（ゆううつ）なことが降りかかっても、それを乗り越えれば晴れやかになるという意味です。

　例えば、プロゴルファーのタイガー・ウッズが11年ぶりにメジャー制覇をした際のことです。優勝インタビューでは、子どもに優勝を見せたいという一心でやってきたという彼の晴れやかな顔が印象的でした。

　仕事をする上で、目的や目標を持つことは大切です。雨の日が長く続いて悩んでも、目的や目標に立ち戻れば頑張れるからです。

　できることをコツコツ積み上げて実績を作っていくことによって、他者からの信頼を得られるようになります。そこには、自分を信頼するブレない心も必要です。

　末筆ながら、検定の試験合格に向け、自分を信頼して取り組んでください。そして、大きな虹がかかることを心から願っています。

> コツコツと一つずつ、急がば回れです。
> 明日はきっとあなたの味方です。

第Ⅵ章

準1級　面接対策

第Ⅵ章では、準1級の面接を想定した面接の流れを学びます。
入室前から退室までを順を追って確認します。
課題ごとの注意点に着目しながら、イメージを膨らませましょう。
面接対策では、鏡の前で実際に声を出しながら
取り組むことが必須です。
流れを把握した後は、客観的に見るために動画で記録し、
最終確認をしてから本番に臨（のぞ）みましょう。

面接対策

1　準1級の面接試験とは

　サービス接遇検定準1級は口頭表現での面接試験で、知識を問われるものではありません。サービス接遇者にふさわしい話し方・態度・物腰による、「愛嬌」と「愛想」のレベルが一般の人より高いことが合格基準です。感じのよい応対かどうか、快適に感じるかどうかが評価されます。

　面接は以下の3課題です。審査員の掲げたパネルに沿って応対を実施します。また、実施前と実施後のあいさつや表情、態度も審査の対象です。

基本言動	接客応答	接客対応
・一人4課題 ・パネルで提示される ・言葉と動作を審査	・一人2課題 ・パネルで提示される ・言葉と言い方を審査	・販売スタッフとして商品の模擬販売 ・言葉と言い方と動作を審査

■ 審査の視点
・お客さまを意識した接し方ができているか。
・あいさつ、話し方、言葉遣い、動作に**サービスの心**が備わっているか。
・場面に応じた物腰（**親しみがあり、お客さまを立てた態度**）であるか。

■ 審査のポイント
①親近感がある
②愛嬌が感じられる
③顔の表情が柔らかい
④振る舞いに信頼がおける
⑤言い方や話し方が丁寧で柔らかい
⑥物腰に謙虚さが感じられる

> 愛嬌（明るくニコニコ、包み込む雰囲気）と愛想（人あたりのよい態度や言い方）があることがポイントです。

2 面接の流れ

　試験は三人一組で行われ、所要時間は一組10分程度です。一人ずつ審査員の前に呼ばれ、面接が実施されます。課題の所要時間はそれぞれ1分程度ですが、課題3に関しては、やりとりによって多少長くなる可能性があります。三つの課題を終えた後、審査員よりアドバイスシートを受け取って退室します。

試験の進行図

控室 ➡ 面接室へ入る（三人一組で移動） ➡ 課題1「基本言動」 ➡ 課題2「接客応答」 ➡ 課題3「接客対応」 ➡ アドバイスシートの受領 ➡ 退室

面接室のレイアウト参考図

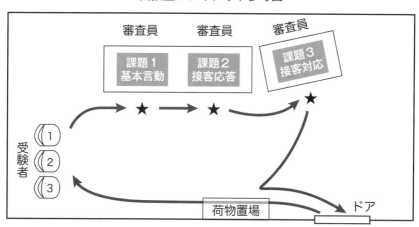

① …受験者が座る椅子

★ …ロールプレイングを実施する場所

➡ …入室から退室までの流れ

＊試験では、荷物置場とドアの位置が変わる場合があります。

195

■ 控室での注意点

・番号札を左胸に付ける（曲がっていないかを確認）。
・静かに待機する（携帯電話の電源は、切るかマナーモードにする）。

■ 入室前〜入室時

　係員に名前を呼ばれたら、三人一組で移動して入室します。入室時は、入口で一度立ち止まり、「失礼いたします＋会釈」であいさつをしましょう（語先後礼）。このとき敬礼をすると、より丁寧な印象になります。

腰から頭を下げる

・入室前に**身なりを整えておく**
・背筋を伸ばし、身体に緊張感を持たせる
・「失礼いたします」は、面接官の方を見て
　明るく張りのある声で

■ 入室〜着席

　手荷物を所定の場所に置き、**速やかに**椅子に向かいます。着席時には「**失礼いたします＋会釈**」であいさつをしてから着席します。

・足を引きずったり、うつむいたりして歩か
　ない
・椅子の背もたれに背中を付けない
・〈男性〉手を軽く握って膝の上に置き、膝
　をこぶし一つ入る程度に揃えて座
　る
・〈女性〉手を軽く開き、両手を重ねて大腿
　部の上に置き、膝を揃えて座る

■ 面接開始時

　三人が着席したら、課題1の審査員が面接番号で「○番の方こちらへど うぞ」と呼びます。呼ばれたら**明るく「はい」と返事をして立ち上がり**、最 初の審査員（一番左側）の前に進み、あいさつをします。椅子から離れると きは、背筋を伸ばして正面を見たまま立ち上がり、いったん直立してから歩 き始めます。**返事と動作が同じにならないように注意しましょう。**

　なお、他の受験者は座って待機しますが、**待機中の姿勢も見られています。**

あいさつの仕方

面接番号1番、○○○○と申します。 よろしくお願いいたします。

・前傾姿勢、語先後礼

・やや高めのトーンの声で話す

・早口にならないように

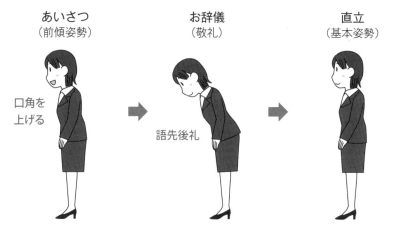

あいさつ （前傾姿勢）	お辞儀 （敬礼）	直立 （基本姿勢）
口角を 上げる	語先後礼	
審査員の目を見る。他 の審査員は見なくても よい。	頭を下げたとき、一度 止める。上げるときは、 下げるときよりゆっくり と行う。	あごを引き、頭、首、背中 を一直線にする。

　いつでも・どこでも・どんなときでも感じがよいことが、サービス接遇の 基本です。**会場入りから、全ての所作や物言いが見られています。**自分以外 の人は全てお客さまであるという意識を忘れないようにしましょう。

■ 課題1　基本言動

　四つの課題がパネルで順に提示されます。審査員が「それではこちらをお願いします」とパネルを提示したら、それぞれの課題を実践します。パネルを確認する際も、前傾姿勢（5°ほど傾ける）を保つことがポイントです。

〈パネル1〉

> お客さまを迎えるときに言う「いらっしゃいませ」の言葉と態度（お辞儀）を審査員に示しなさい。

30°

おもてなしの
気持ちを示す

- ● 笑顔の表情を保つ
- ● 前傾姿勢であいさつをする（語先後礼）
- ● やや高めのトーンの明るい声で
- ● お辞儀は、敬礼（30°）
- ● 頭を下げたとき、一度止める

〈パネル2〉

> お客さまが帰るときに言う「ありがとうございました」の言葉と態度（お辞儀）を審査員に示しなさい。

ありがとう
ございました

笑顔で感謝の
気持ちを示す

- ● 前傾姿勢であいさつをする（語先後礼）
- ●「いらっしゃいませ」より深いお辞儀（最敬礼）をする（45°）
- ● 頭を下げたときも、心の中でお礼を言う（動作を止める時間を持つ）
- ● 頭を上げるときは、ゆっくりと上げる
- ● 一度直立に戻り、前傾姿勢を取る

〈パネル3〉

お客さまに言う、「はい、承知いたしました」の言葉と態度を審査員に示しなさい。

はい、承知いたしました

確かに承った
気持ちを示す

●前傾姿勢で、目を見ながら言う
●言い終わってから、丁寧な会釈（15°）をする
●笑顔と明瞭な口調で、堅苦しくならないようにする

男性の手は横に

女性の手は前で組む

〈パネル4〉

お客さまに品物を見せて、「いかがでございますか」と尋ねるときの言葉と態度を審査員に示しなさい。

積極的に
提案する
気持ちを示す

●明るく生き生きとした口調で言う（一本調子で話さない）
●前傾姿勢で品物を両手で持って勧めるイメージで行う
●腰を低くした積極的な態度を示す

　以上が基本言動の審査です。審査員の「次へどうぞ」の指示の後、「はい、ありがとうございました」とお礼の言葉を述べ、敬礼してから隣の審査員の前に進みます。

■ 課題2　接客応答

　一人あたり2課題がパネルで提示されます。受験者3人で異なるパネル（後述A～Cのいずれか）が示されますが、趣旨は同じです。

- ● 課題1…パネルに明記された言葉をそのまま言う
- ● 課題2…パネルに明記された言葉を丁寧な言い方に直して言う

　どちらの課題も、前傾姿勢とアイコンタクトが基本です。立ち姿はかかとを付け、早口にならないようにすることがポイントです。また、言葉だけでなく動作を付けると臨場感が生まれ、声の抑揚が加わります。

受験者それぞれにA～Cのどのパネルが示されるかは分かりません。

審査員「こちらをそのまま言ってください」

〈パネルA－1〉

> 「お客さま、お忘れ物でございますが」

- ● 両手で大切に持つイメージで
- ● 優しい表情と丁寧な口調で話す

審査員「こちらを丁寧な言葉に直して言ってください」

〈パネルA－2〉

> 「案内するのでこっちへどうぞ」

> 「ご案内いたしますのでこちらへどうぞ」

- ● 案内する方向を手のひらで示す
- ● 笑顔と落ち着いた口調で話す

審査員「こちらをそのまま言ってください」

〈パネルB－1〉

「お客さま、お荷物を お預かりいたします」

● 一歩踏み込み、両手を差し出す
● 穏やかな表情と口調で話す

審査員「こちらを丁寧な言葉に直して言ってください」

〈パネルB－2〉

「注文は決まったか」

「ご注文はお決まりに なりましたでしょうか」

● 顔と身体をお客さまに向ける
● 笑顔と穏やかな口調で話す

審査員「こちらをそのまま言ってください」

〈パネルC－1〉

「どうぞご自由に お持ちくださいませ」

● 「どうぞ」に少し力を込めて 抑揚をつける
● 笑顔で話す
● 言い終わってから敬礼する

審査員「こちらを丁寧な言葉に直して言ってください」

〈パネルC－2〉

「この品物でいいか」

「こちらのお品物で よろしいでしょうか」

● 両手で丁寧に品物を指し示す
● 笑顔と優しい口調で尋ねる

　接客応答の2課題を終えたら、審査員の「次へどうぞ」の指示に従い、「はい、ありがとうございました」とお礼の言葉を述べ、隣の審査員の前に進みます。

■課題3　接客対応（ロールプレイングの例）

　基本言動と接客応答を踏まえた総合実践力が審査されます。テーブルに置かれた商品（野菜）を使って、お客さま役の審査員にその場で応対するロールプレイング形式です。前へどうぞと言われたら、テーブルに近付き、販売スタッフとしての積極的な態度を示すことがポイントです。

> あなたは、野菜売り場のスタッフです。お客さま（審査員）に販売します。

①お客さまを出迎える

審査員「こんにちは」

受験者「いらっしゃいませ」

　　　　（「こんにちは、いらっしゃいませ」、
　　　　「こんにちは、毎度ありがとうございます」などでもよい）

- ●前傾姿勢で明るく生き生きとした表情と笑顔で出迎え、丁寧にお辞儀をする
- ●「こんにちは」を入れると親近感が増す

②商品をお薦めする

審査員「おいしそうなピーマンね」

受験者「はい、ありがとうございます。とても新鮮でお薦めです」

- ●前傾姿勢で、両手を揃えて話を聞き、お客さまの話に適切に対応する
- ●テキパキとした動作と明るい口調で話す
- ●商品を示すときは、指を揃えて手のひらが見えるようにする

審査員「そうね。いいですね」

受験者「はい、こちらのピーマンは甘くておいしいですよ」

審査員「あとは何がいいかしら」

受験者「はい、しいたけもお薦めです。こちらのしいたけは、とても肉厚です。
　　　　○○さんのしいたけというブランド名が付いていて、大人気です」

審査員「じゃ、緑のピーマン二つとしいたけを
　　　　二つください」

受験者「はい、ありがとうございます。緑のピー
　　　　マン二つとしいたけ二つでございます
　　　　ね」（品物をかごから取り出す）

●オーダーは必ず復唱する

●品物は両手で丁寧に扱う

＊取り出した品物は、かご
　の脇に置いておけばよい
　でしょう。

③会計をする

審査員「おいくらですか」

受験者「はい、全部で 500 円でございます」

審査員「じゃ、500 円ね」

受験者「ありがとうございます。500 円ちょ
　　　　うどいただきます」
　　　「こちら、お品物でございます」

●お金は前傾姿勢で両手で丁寧に受け取る

●金額は自分で決めてよい

＊代金を受け取るしぐさを
　すればよいでしょう。

受験者「お買い上げありがとうございました」
　　　　「また、ぜひご利用ください。お待ちしております」

●お客さまの顔を見て感謝の気持ちを込めてお礼を言う

●深いお辞儀（最敬礼）をする

●次回の来店につながるような言葉を言う

審査員「試験はここまでです」

■面接終了〜退室

面接が終了したら、受験者はお礼の言葉を述べて退室します。以下は、退室までの流れです。

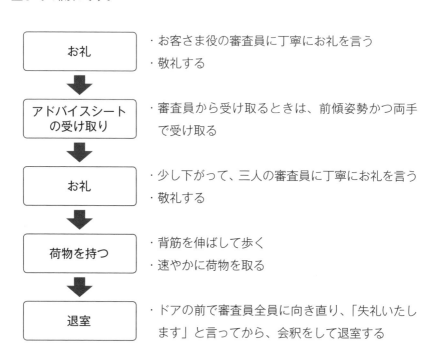

お礼	・お客さま役の審査員に丁寧にお礼を言う ・敬礼する
アドバイスシートの受け取り	・審査員から受け取るときは、前傾姿勢かつ両手で受け取る
お礼	・少し下がって、三人の審査員に丁寧にお礼を言う ・敬礼する
荷物を持つ	・背筋を伸ばして歩く ・速やかに荷物を取る
退室	・ドアの前で審査員全員に向き直り、「失礼いたします」と言ってから、会釈をして退室する

面接は退室まで含まれます。課題が全て終了したからといって、安心して気を抜かないように気を付けましょう。**アドバイスシートを渡されるときの対応も、実は見られています。**

また、課題3の「接客対応」は、自分が楽しむことが大切です。審査員をお客さまだと思って楽しく会話すれば、明るい雰囲気が演出できるはずです。多少のアドリブを入れても大丈夫ですので、丁寧過ぎて堅苦しい雰囲気にならないようにします。

お客さまをおもてなしする、野菜が大好きなスタッフを演じきりましょう。

3 面接 Q&A

事前の準備や本番でのトラブルなど、気になりそうなことをまとめました。

Q 当日の服装は？

A 基本的に服装は審査の対象外ですし、指定もありません。しかし、サービス接遇の基本として**清潔感のある身だしなみ**が求められていますので、汚れやしわが目立たない服装を選ぶことです。靴の汚れや、手元にも注意を払いましょう。スーツやジャケットの着用、もしくはビジネスカジュアルの人が多いです。

Q パネルが提示されてから実践するまでの時間は決められていますか？

A 決められてはいませんが、**時間がかかり過ぎると準1級レベルの言葉や動作が備わっていない**と見なされます。

Q 課題2の接客応答では、言い直しはできますか？

A どうしても言い直したい場合は、審査員にお伺いを立てることです。「大変申し訳ございませんが、今一度、言い直してもよろしいでしょうか」と丁寧に切り出して、審査員の指示に従いましょう。

Q 課題3の接客対応では、たくさん話した方が有利なのでしょうか？

A そうとは限りません。大切なことは、**お客さまの話をきちんと聞いて話すこと**です。お客さまの話を途中で遮る、話し終わらないうちに言葉を発してしまうことは、マイナス評価となります。

・ま と め・ 準1級面接対策

面接は、過度に緊張せず、普段通りの自分で表現できることが一番です。特別な応対を求められているわけではないので、試験に出る内容を日頃から意識することが合格への近道です。

3級 予想模擬試験問題

解答・解説 ▶問題は、別冊に収録されています。

Ⅰ　サービススタッフの資質

1　(5)
遅くなる理由まで尋ねるのはプライベートに立ち入り過ぎることになる。

2　(4)
素直なことは大切な要素であるが、ものを言うときは、相手や状況を見て配慮することが大切である。

3　(1)
「申し訳ございません。私では分かりかねますので至急確認いたします。少々お待ちくださいませ」と対応すべきである。

4　(2)
香水やオーデコロンはにおいが強く、料理に付いてしまうため使用してはならない。

5　(5)
同じ話でも、初めて聞くかのように傾聴する。「その話は聞いた」という返事は会話を遮ることになる。

Ⅱ　専門知識

6　(4)
他の選択肢は(1)「上がり」、(2)「お手元」、(3)「黒文字」、(5)「紫」が該当する。

7　(5)
お客さまの着てみたいという要望を無視した応対である。

8　(1)
リテールとは、「小売り」のことである。

9　(4)
公平に接することは正しいが、一人ひとりには丁寧にお詫びする姿勢がお客さまの満足につながる。

Ⅲ　一般知識

10　(3)
「三五の十八」とは、見込みが外れること。

206

11 (4)

他の選択肢は(1)予算超えの支出、(2)余計なことまで言う、(3)的確な注意をされて聞くのがつらい、(5)手に負えないという意味である。

IV　対人技能

---

12 (3)

「方」は、選択か方向を示すときのみに使用する。

13 (3)

高齢者には危険と決め付けるのは失礼である。「お手続きを間違えないよう注意されれば大丈夫です」と伝える。

14 (2)

「拝見」は「見る」の謙譲語である。見ているのはお客さまなので、「どうぞご自由にご覧になってください」と尊敬語を使う。

15 (4)

質問を受けるだけでは分かりやすい説明とはいえない。カタログの説明を易しく言い換えて説明する。

16 (3)

「急用がない日」という言い方はお客さまに失礼で立ち入り過ぎた表現

である。「ご都合のよい日に変更させていただきます」とする。

V　実務技能

---

17 (2)

苦情の場合は、状況を把握するのが先決である。

18 (2)

他の選択肢は(1)個人宅への新築のお祝い、(3)一般の謝礼、(4)身内での慶事に対してまたはそのお返し、(5)香典返しである。

19 (4)

配送に必要のないことは、聞くべきではない。

20 (2)

釣り銭のない金額を受け取ったときは、「○○円、ちょうど頂戴いたします」と金額を復唱する。

21 (2)

店内の陳列台の隙間だと、お客さまの目に入り不快な気分にさせる。清掃道具はお客さまの目に付かない1カ所にまとめる。

22 （解答例）

(1)a　よろしければ

　　b　お伺いいたします

　　[解説]　aはクッション言葉、bは「聞く」の謙譲語。

(2)a　混んでおります

　　　（混雑しております）

　　b　お掛けになって

　　c　お待ちください

　　[解説]　aは「いる」の謙譲表現。bの「お掛けになって」、cの「お〜ください」は尊敬表現。

23 （解答例）

お客さまのご希望のカメラは在庫がございます。

[解説]　「お客さん」を「お客さま」、「希望の」を「ご希望」、「ある」を「ございます」とする。

24 （解答例）

①次のお客さまの応対をしながら、会計を終えたお客さまの品物を片手で渡しているから。

②品物の袋を両手で持ち、丁寧に渡し、礼を言う。次のお客さまには少し待ってもらう。

[解説]　何かをしながらの応対は失礼になる。先に会計を終えたお客さまに丁寧に応対した後、次のお客さまの応対に移る。

2級 予想模擬試験問題

解答・解説 ▶問題は、別冊に収録されています。

I　サービススタッフの資質

1 (4)

ゴルフの上達を手助けするのが仕事である。やる気を持たせるような話をすることも必要である。

2 (2)

相手が話しやすいように相づちを打つことがよい心掛けである。

3 (4)

体力が心配という決め付けは失礼である。要望を聞きながらアドバイスするのが気遣いである。

4 (5)

テーブルを片付けながら、「ごゆっくりどうぞ」と言葉を掛けるのが適切である。

5 (5)

ホテルの格はお客さまが決めるもの。スタッフはお客さまを見極めるのではなく、見極められる立場である。

II　専門知識

6 (3)

商品の特徴を説明するのはよいが、自分の好みはお客さまに問われたときにだけ答える。

7 (3)

消印は、使用済みであることを示すために押す印のこと。切手や収入印紙に押す。

8 (5)

お客さまの要望を無視し、質より量という自分の考えを押し付けている。

9 (4)

取りに戻って来る可能性があるため、すぐに交番に届けるのは不適切。

III　一般知識

10 (3)

菱餅(ひしもち)は桃の節句、端午(たんご)の節句の食べ物は柏餅(かしわもち)である。

209

11 ⑵

同じ人が普通は両立しない仕事を一人ですること。

Ⅳ　対人技能

12 ⑶

お薦めを聞かれているので、売れ筋や履き心地がよい靴などを、お客さまの心を引き付けるように薦めるのがセールストーク。

13 ⑵

正しくは、⑴「お探しになられているの」→「お探し」、⑶「大丈夫」→「お間違えない」、⑷「この」→「こちらの」、⑸「よろしかった」→「よろしい」となる。

14 ⑷

お客さまの好みを尊重したアドバイスが大切である。

15 ⑵

予約客が優先というあたり前のことをはっきり言うのは不適当。「お待ちいただくことになりますが、それでもよろしいでしょうか」と、お客さまの意向を聞くことが適切。

16 ⑶

「お取り込み中」とは、忙しく慌ただしい様子のこと。食後のドリンクを出すような場面では使用しない。

Ⅴ　実務技能

17 ⑷

注意する理由に他のお客さまを出すのは不適切である。

18 ⑵

他の選択肢は⑴香典返し、⑶お祝いごと、⑷身内での慶事に対して、またはそのお返し、⑸神仏へのお供えである。

19 ⑴

水引の結び切りは二度あっては困るときに使用する。

20 ⑸

キャッシュトレーがあるときは、紙幣の枚数を数えながらトレーに置く。

【記述問題】 Ⅳ 対人技能

21 （解答例）

(1)どちらのコースがよろしいでしょうか

［解説］「どの」、「いいか」を丁寧語にする。

(2)お待たせいたしまして、申し訳ございません

［解説］「待たせる」を「お待たせする」に、「すみません」を「申し訳ございません」にする。

22 （解答例）

私、S代理店の市川と申します。先日はご来店くださいましてありがとうございました。山田様がご希望されていたキャンセル待ちのツアーに欠員が出ましたのでご連絡をいたしました。明日、改めてお電話をさせていただきますので、よろしくお願いいたします。失礼いたします。

［解説］ 最初に名乗り、次に来店の礼を述べる。用件は簡潔に、再度連絡する旨を伝える。

【記述問題】 Ⅴ 実務技能

23 （解答例） 下図参照。

24 （解答例）

①テーブルの向かい側から、片手でコーヒーを出しているため。

②お客さま側に回り、お客さまの脇からお客さまのやや右側に両手でコーヒーを出す。

［解説］ お茶菓子がある場合は、先にお茶菓子を出し、その右側に飲み物を出す。

23 （解答例）

お客さま各位

　　　　　2号店オープンキャンペーン実施のお知らせ

　当店は5月10日に2号店を開店いたします。そこで日頃の感謝を込めて以下の通り、記念サービスを行います。ぜひ皆さまお誘い合わせの上、ご来店くださいますよう心からお待ち申し上げます。

1. キャンペーン期間　　5月10日～5月15日
2. キャンペーン内容　　全品　2割引

　　　　　　　　　　　　　　　　　　　　　　　ABベーカリー

●法改正・正誤等の情報につきましては、下記「ユーキャンの本」ウェブサイト内「追補（法改正・正誤）」をご覧ください。
https://www.u-can.co.jp/book/information

●本書の内容についてお気づきの点は
・「ユーキャンの本」ウェブサイト内「よくあるご質問」をご参照ください。
https://www.u-can.co.jp/book/faq
・郵送・FAXでのお問い合わせをご希望の方は、書名・発行年月日・お客様のお名前・ご住所・FAX番号をお書き添えの上、下記までご連絡ください。
【郵送】〒169-8682 東京都新宿北郵便局 郵便私書箱第2005号
　　　　ユーキャン学び出版 サービス接遇検定資格書籍編集部
【FAX】03-3378-2232
◎より詳しい解説や解答方法についてのお問い合わせ、他社の書籍の記載内容等に関しては回答いたしかねます。

●お電話でのお問い合わせ・質問指導は行っておりません。

執　　筆　　山際能理子（ケイコネクト）
イラスト　　さややん。
校　　閲　　久米由美（印象声講師）
組　　版　　株式会社アクト

ユーキャンのサービス接遇検定3級・2級・準1級
合格テキスト&問題集

2020年3月27日　初　版　第1刷発行	編　者	ユーキャンサービス接遇検定試験研究会
2021年6月3日　初　版　第2刷発行		
2022年4月8日　初　版　第3刷発行	発行者	品川泰一
2024年5月1日　初　版　第4刷発行	発行所	株式会社 ユーキャン 学び出版

発行所　株式会社 ユーキャン 学び出版
〒151-0053
東京都渋谷区代々木1-11-1
Tel 03-3378-1400

編　集　株式会社 エディット
発売元　株式会社 自由国民社
〒171-0033
東京都豊島区高田3-10-11
Tel 03-6233-0781（営業部）

印刷・製本　望月印刷株式会社

ユーキャンのサービス接遇検定3級・2級・準1級
合格テキスト&問題集

予想模擬試験問題

　この「予想模擬試験問題」は、学習の仕上げとして本試験の予行演習をしていただくために、本試験と同じ出題形式、同じ問題配分で作成しています。演習の際には、時間を計り、本冊子末の答案用紙を利用するなど、実際に受験する要領で行うようにしましょう。

　演習を終えたら、テキストP.206～211の解答・解説をしっかりと確認し、できなかった部分は復習をすることが大切です。

◆試験時間：3級が90分、2級が100分です。
◆合格基準：理論・実技の両方の分野で60%以上の得点で合格となります。

領　域	問題数		合格基準
	3級	2級	
Ⅰ　サービススタッフの資質	選択5問	選択5問	「理論」分野で、60%以上の得点
Ⅱ　専門知識	選択4問	選択4問	
Ⅲ　一般知識	選択2問	選択2問	
Ⅳ　対人技能	選択5問 記述2問	選択5問 記述2問	「実技」分野で、60%以上の得点
Ⅴ　実務技能	選択5問 記述1問	選択4問 記述2問	

★本冊子は取り外してご使用いただけます。

3級 予想模擬試験問題

問題数：24問 / 試験時間：90分

合格の目安：**1**〜**11**の11問中、7問正解、
12〜**24**の13問中、8問正解

- ●答案用紙 → 別冊P.29・30
- ●解答・解説 → 本冊P.206〜208

I　サービススタッフの資質

1　　ホテル勤務の山下優香は店長から、「スタッフの感じのよさは顧客満足度を上げる重要な要素の一つである」と教えられた。次は山下が、スタッフの感じのよさについて考えたことである。中から<u>不適当</u>と思われるものを一つ選びなさい。

(1)　お客さまに清潔感を感じてもらうため、制服だけでなく、髪形やメイクなど身だしなみ全般に注意することではないか。

(2)　混雑する時間帯でも笑顔を忘れず、はきはきと明るく応対することではないか。

(3)　ホテル内でお客さまとすれ違う際は、少し立ち止まって「いらっしゃいませ」と声を掛けて会釈することではないか。

(4)　お客さまを案内するときは、お客さまの先に立って案内し、安心感を持ってもらうことではないか。

(5)　チェックインの予定時刻より遅れるというお客さまには、「ご連絡をいただきありがとうございます」というお礼の言葉とともに遅くなる理由を尋ねることではないか。

2 　観光案内所に就職した清水康弘は、先輩に「サービススタッフに求められる人はどのような人か」と尋ねたところ、次のように教えられた。中から<u>不適当</u>と思われるものを一つ選びなさい。

(1)　周りに困っている人を見掛けたら、率先して手を差し伸べる面倒見がよい人。

(2)　人見知りせず、初めて会った人とも仲良くなれる親しみやすい人。

(3)　普段から身だしなみに気を配り、きちんとした服装をしている人。

(4)　いつでも素直に、自分の思ったことを相手を問わずはっきり言う人。

(5)　相手によって、その人に合わせた臨機応変な対応を考えられる人。

3 　レストランの新人スタッフ相田由美子は研修で、心遣いのあるお客さま応対について次のように指導された。中から<u>不適当</u>と思われるものを一つ選びなさい。

(1)　食材について分からないことを尋ねられたときはあいまいに答えず、「自分は新人なので、店長に聞いてください」と案内すること。

(2)　注文を受けるときは、明るい表情でてきぱきと対応すること。

(3)　混雑時、順番待ちのリストに名前を書いたお客さまには、どれくらいの時間がかかるかを伝えること。

(4)　てきぱきとした対応が大切なので、スタッフ同士で声を掛け合いながら動くようにすること。

(5)　メニューが分かりづらそうなお客さまには、どのような料理かを説明し、分かってもらってから注文を受けるようにすること。

4 スーパーの食品売り場で働く山下真由美は店長から、「身だしなみが食品売り場の印象を決める」と教わった。次は山下が、身だしなみについて気を付けていることである。中から不適当と思われるものを一つ選びなさい。

(1) 長い髪は清潔感を出すために一つにまとめる。
(2) 調理中のにおいが付かないよう、香水やオーデコロンを使って対策する。
(3) メイクは健康的に見えるナチュラルメイクを心掛ける。
(4) 爪は短くし、マニキュアはしないようにする。
(5) 食品に混入しないよう指輪やアクセサリーは身に付けない。

5 介護老人保健施設のスタッフ河村孝之は先輩から、「入居者にはいたわりと思いやりを持って接するように」と言われた。次はそのとき河村が考えたことである。中から不適当と思われるものを一つ選びなさい。

(1) 足が悪くて移動に時間がかかる入居者には、「ゆっくりでいいですからね。よろしければ私につかまってください」と声を掛け、手を差し伸べよう。
(2) いつも元気な入居者が落ち込んでいる様子のときには、「いかがなさいましたか」などと声を掛けるようにしよう。
(3) 入居者とすれ違う際には会釈やあいさつをし、親近感を持ってもらえるようにしよう。
(4) 一人でぽつんとしている入居者にも笑顔で声を掛け、天気の話などをして少しでも会話をするようにしよう。
(5) 何度も同じ話を繰り返す入居者には、「その話は何度も聞きましたよ」と明るく言って、すぐに他の話題に切り替えるようにしよう。

6　寿司屋のスタッフ山田直美は、お客さまから「お愛想お願いします」と言われた。これはどのようなことを言われたのか。次の中から**適当**と思われるものを一つ選びなさい。

(1)　「お茶」のお代わりを欲しいと言われた。

(2)　「箸」をもらいたいと言われた。

(3)　「つまようじ」が欲しいと言われた。

(4)　「お会計」をして欲しいと言われた。

(5)　「醤油」が欲しいと言われた。

7　高級ブティックで働く伊藤由香は、先輩から品選びをしているお客さまへの応対として次のような指導を受けた。中から<u>不適当</u>と思われるものを一つ選びなさい。

(1)　スーツのデザインで迷っているお客さまに、試着して鏡の前で合わせてみると選びやすいと勧めること。

(2)　2着のブラウスのどちらにするか決められない、というお客さまには、素材やデザインなどの特長を説明して参考にしてもらうこと。

(3)　スカートの色で迷っているお客さまには、手持ちの上着の色を聞き、上着とイメージを合わせて選ぶとよいと提案すること。

(4)　熱心にバッグを見比べているお客さまには、すぐには声を掛けず少し様子を見てからにすること。

(5)　見た目が地味なので思い切って華やかなワンピースを着てみたいというお客さまには、地味な見た目の方には定番のデザインのワンピースがお薦めですと助言すること。

8 次は、用語とその意味の組み合わせである。中から<u>不適当</u>と思われるものを一つ選びなさい。

(1) リテール ＝ 卸売り
(2) コミッション ＝ 手数料
(3) コスト ＝ 費用
(4) ローン ＝ 貸付金
(5) マーケット ＝ 市場

9 次はアウトレットモールのスタッフ柴田美月が、セール時にレジに並んでいるお客さまに行っている対応である。中から<u>不適当</u>と思われるものを一つ選びなさい。

(1) 並んでいるお客さまには、「申し訳ございません。順番に対応しておりますので、もう少々お待ちください」と言っている。
(2) 行列に割り込もうとするお客さまには、「お待たせして申し訳ございませんが、順番にお待ちいただいておりますので、列の最後尾にお並びくださいますようお願いいたします」と言っている。
(3) 並んでいたお客さまにレジの順番が来た際には、「大変お待たせいたしました」と声を掛けてから、作業に取り掛かるようにしている。
(4) 長い行列に不満げなお客さまには、「皆さま並んでお待ちいただいていることに変わりありません。そのままお待ちください」と状況をきちんと説明している。
(5) レジで精算を終えて帰るお客さまには、「本日はお待たせして申し訳ございませんでした。またのご来店をお待ちしております」と声を掛け、見送るようにしている。

Ⅲ　一般知識

10　　次は、商売に関する慣用句とその意味の組み合わせである。中から**不適当**と思われるものを一つ選びなさい。

⑴　金に糸目を付けない　＝　惜しげなく金銭を使うこと。
⑵　千客万来　　　　　　＝　多くの客が入れ替わり立ち替わり来ること。
⑶　三五の十八　　　　　＝　予想があたること。
⑷　市を為す　　　　　　＝　人が多く集まること。
⑸　利に走る　　　　　　＝　利益ばかりを追い求めること。

11　　次は言葉とその意味の組み合わせである。中から**適当**と思われるものを一つ選びなさい。

⑴　足が出る　＝　予算より安く収まること。
⑵　口が過ぎる　＝　話がうまく時間があっという間に過ぎること。
⑶　耳が痛い　＝　相手と自分の意見が異なること。
⑷　目が高い　＝　物事の価値がよく分かっていること。
⑸　手に余る　＝　自分の能力で対応できること。

Ⅳ　対人技能

12 携帯電話販売店の新人スタッフ福永達人は先輩から、「お客さまへの言葉遣いに気を付けるように」と言われた。次は、そのとき具体的に指導されたことである。中から<u>不適当</u>と思われるものを一つ選びなさい。

(1) 「こちらの機種をお求めでよろしかったでしょうか」は、「こちらの機種をお求めでよろしいですか」と言うのがよい。

(2) 「そうです。これが最新の機種です」は、「さようです。こちらが最新の機種でございます」と言うのがよい。

(3) 「データの移行が終了いたしました」は、「データの移行の方が終了いたしました」と言うのがよい。

(4) 「申込書の控えはこちらになります」は、「申込書の控えはこちらでございます」と言うのがよい。

(5) 「すみませんでした。大変お待たせしました」は、「申し訳ございません。大変お待たせいたしました」と言うのがよい。

13 パソコンショップのスタッフ鈴木太一は、訪問アフターサービスを担当している。次は、鈴木が高齢者宅を訪問したときに言ったことである。中から<u>不適当</u>と思われるものを一つ選びなさい。

(1) パソコンは難しくて分からないというお年寄りに、「分からない方のために私がいますので一緒に勉強していきましょう」と言った。

(2) 「来てくれて助かった」と喜んでくれたお年寄りに、「喜んでいただけると私もとてもうれしいです」と言った。

(3) インターネットで買い物をしてみたいができるだろうかというお年寄りに、「高齢の方がインターネットで買い物をするのは危険なのでやめた方がいいですよ」と言った。

(4) お宅のお店はアフターサービスがいいので気に入っているというお客さまに、「ありがとうございます。お店に戻ったら店長にも伝えますね」と言った。

(5) パソコンで年賀状を作ってみたいというお年寄りに、「初心者向けの年賀状作成ソフトがありますのでご紹介します」と言った。

14 次は紳士服売り場の木下麗香が、お客さまに対して言った言葉である。中から<u>不適当</u>と思われるものを一つ選びなさい。

(1) 「こちらのネクタイでお決まりでしょうか」

(2) 「どうぞご自由に拝見してください」

(3) 「どのような商品をお探しでしょうか」

(4) 「こちらのスーツ、お客さまにとてもお似合いです」

(5) 「あいにくこちらのサイズは取り寄せとなりますが、お待ちいただけますか」

15 次は家電量販店のスタッフ清水有紀子が、お客さまに分かりやすい商品の説明について考えたことである。中から<u>不適当</u>と思われるものを一つ選びなさい。

(1) ドライヤーの選定に迷っているお客さまに、「手に取ってみないと使い心地が分からないので、お気軽にお試しください」と伝えるとよいかもしれない。

(2) 同じようなデザインの掃除機のどちらがよいかと尋ねるお客さまに、「軽くて吸引仕事率が大きい方がお薦めです」と伝えるとよいかもしれない。

(3) 売り切れた特売品を買いたいと言うお客さまに、「価格は少し上がりますが、類似商品はいかがですか」と伝えるとよいかもしれない。

(4) 製品の特長を説明してほしいと言うお客さまに、「分かりやすいカタログがあるので、ご覧いただいて分からないことはお尋ねください」と伝えるとよいかもしれない。

(5) イヤホンの新製品の値段が高いと言うお客さまに、「こちらは新素材の採用で軽くて丈夫なので、使っていただければよさが分かります」と伝えるとよいかもしれない。

16 エステサロンのスタッフ山本綾香は、マネージャーから「エステでは技術の高い施術だけではなく、愛想のよい応対が顧客満足につながる」と言われた。次はそれを意識して言った山本の言葉である。中から**不適当**と思われるものを一つ選びなさい。

(1) 初めての施術が終わって帰るお客さまに、「ありがとうございました。数あるお店から当店をお選びいただいたご縁に感謝して、またお会いできますのを楽しみにしております」

(2) すでに予約で埋まっている日時に予約を希望したお客さまに、「申し訳ございません。ご希望の日時ですが、あいにく予約がいっぱいでございます。他にご希望の日時はございますか」

(3) 急用のため、予約を変更したいというお客さまに、「承知しました。それでは急用がない日に変更させていただきます。いつ頃になりそうでしょうか」

(4) 予約の時間に少し遅れるというお客さまに、「ご連絡ありがとうございます。施術を少々急がせていただきますが、しっかり対応いたしますので、ご安心ください」

(5) 急な雨で駆け込んできたお客さまに、「あいにくの雨でございましたね。よろしければこのタオルをご利用ください。落ち着かれましたら、ご案内させていただきますのでお声掛けください」

V 実務技能

---

17 子ども英会話スクールの講師立花陽菜子は、週1回のクラスに通っている子どもの母親から、「うちの子はクラスメイトに比べて英語力が伸びていないようだ。指導に問題があるのではないか」と言われた。このような場合、立花はどのように答えればよいか。次の中から**適当**と思われるものを一つ選びなさい。

(1) 「講師との相性があるかもしれませんので、違うクラスを体験して
みませんか」

(2) 「指導内容を確認し、改善できるところがあるか見直しをいたしま
すので、少々お時間をいただけないでしょうか」

(3) 「英語に触れる時間を多くすると英語力アップにつながりますので、
週2回以上のクラスに変更してみましょうか」

(4) 「実際に英語力が伸びているお子さまもいらっしゃいますので、指
導の問題ではないと思われます」

(5) 「英語の学習は、最初のうちは個人差が出ますので、もう少し気長
に見守ってくださいませんか」

18 ギフトショップのスタッフ池田結衣はお客さまから、「取引先の息
子さんが新規でレストランを開店することになったが、上書きはどれ
にしたらよいか」と尋ねられた。次は池田が答えたことである。中か
ら**適当**と思われるものを一つ選びなさい。

(1) 「御新築祝」

(2) 「御祝」

(3) 「御礼」

(4) 「内祝」

(5) 「志」

19 石川恵理子は贈答品売り場を担当している。お客さまが、「来月に
定年退職する上司に退職祝を送りたい」と言って商品を持ってきた。
次はこのとき石川が、お客さまに尋ねたことである。中から<u>不適当</u>と
思われるものを一つ選びなさい。

(1) 包装はどのようにするか。

(2) のし紙は必要か。

(3) 配送日の指定はあるか。

(4) かなり高価なものだがよいか。

(5) 贈り主の名前はどうするか。

20 次は喫茶店のレジ係長谷川雄太の、会計時の応対例である。中から不適当と思われるものを一つ選びなさい。

(1) レシートを渡すときは、「レシートでございます。ご確認くださいませ」と言っている。

(2) 受け取った現金が釣り銭の発生しない金額であった場合、「頂戴します」と言っている。

(3) 釣り銭には、できるだけきれいな紙幣を選んでいる。

(4) 釣り銭を渡すときは、キャッシュトレーの上に紙幣と硬貨の枚数が分かるように置いている。

(5) 領収書を求められた場合、領収金額は消費税込みの金額を記入している。

21 次はレンタルDVD店のスタッフ南田祐子が、店内の清掃について気を配っていることである。中から不適当と思われるものを一つ選びなさい。

(1) 雨の日は床が濡れやすいので、乾いた雑巾を用意してこまめに拭くようにしている。

(2) 掃除道具はいつでもスタッフが手に取りやすいよう、陳列台の隙間に何カ所か置くようにしている。

(3) 店のイメージアップにつながるよう、店内だけでなく周辺も清掃している。

(4) お客さまの手に触れることが多いので、DVDのケースをきれいに拭いて清潔に保つようにしている。

(5) 店内の商品を見やすくするため、常に照明器具を清掃している。

【記述問題】 Ⅳ　対人技能

22　　次の下線部分を、意味を変えずにお客さまに言う丁寧な言い方に直しなさい。

⑴　<u>よければ</u>、私が代わりに<u>聞きます</u>。
　　　a　　　　　　　　　　　　b

⑵　<u>混んでいるので</u>、こちらの椅子に<u>座って</u>　<u>待ってください</u>。
　　　a　　　　　　　　　　　　　　　　b　　　　c

23　　カメラ店のスタッフ平田将太は、カメラの在庫があるかどうかという質問の電話を受けた。調べたところ在庫があったので「お客さんの希望のカメラの在庫はある」と答えることにした。この「　　　　」内をお客さまに言う丁寧な言い方に直しなさい。

【記述問題】 V　実務技能

24　次はパン屋のレジスタッフ上川夏美が、会計を終えたお客さまに商品を渡している絵である。上川の渡し方を見て、①お客さまが不愉快そうな表情をしているのはなぜか。また、②このとき上川はどのように渡すのがよいか。それぞれ答えなさい。

2級 予想模擬試験問題

問題数：24問 / 試験時間：100分

合格の目安：**1**～**11**の11問中、7問正解、
12～**24**の13問中、8問正解

● 答案用紙 → 別冊P.31・32
● 解答・解説 → 本冊P.209～211

I　サービススタッフの資質

1　　次はゴルフスクールのインストラクター秋山明彦が、練習生に言ったことである。中から<u>不適当</u>と思われるものを一つ選びなさい。

(1)　レッスンについていけるか不安だと言う生徒に、「最初は皆初心者ですから、まずは雰囲気になじんで楽しむことが大切ですよ」と言った。

(2)　仕事が忙しくレッスンを休みがちで、同じクラスの人と足並みが揃わないと言う生徒に、「自分のペースで受けられるプライベートレッスンもあるので、そちらを体験されてみてはいかがでしょうか」と言った。

(3)　レッスンについていけるか心配だと言う年配の生徒に、「年齢にかかわらず楽しめるのがゴルフですから心配ありませんよ」と言った。

(4)　接待のためにゴルフを始めたが上達せず、自分には向いていないと言う生徒に、「向き不向きがあるので、接待のためであれば他に目を向けてみるのもいいかもしれません」と言った。

(5)　飽き性なので続けられるか心配と言う生徒に、「スクール主催のゴルフイベントなどもあるので、楽しみながら気楽に続けましょう」と言った。

2 　整形外科医院スタッフの川島れいかは先輩から、「患者さんからよい印象を持ってもらえる対応をするように」と言われている。次は川島がそのことを意識して心掛けていることである。中から<u>不適当</u>と思われるものを一つ選びなさい。

(1) あいさつに応じない患者さんは、体調が悪くてそれどころではないと考え、あえて多くは話し掛けないようにしている。

(2) 診察前に患者さんに症状を尋ねるときは、つらい気持ちを思いやり、相づちは控えるようにしている。

(3) 電話で、「ぎっくり腰で非常につらいので、待ち時間がどれくらいになるか教えてほしい」と言う人には、およその時間を知らせ、予約を入れるようにしている。

(4) よく来院する患者さんには、あいさつだけでなく最近の体調なども尋ねるようにしている。

(5) 患者さん同士が話をしているそばを通るときは、会話の邪魔にならないように会釈だけをするようにしている。

3 　次は旅行代理店のカウンター担当山口朋美が、お客さまへの対応で気を配っていることである。中から<u>不適当</u>と思われるものを一つ選びなさい。

(1) ツアーが満員でキャンセル待ちになったお客さまには、途中で状況を連絡するなどして判断しやすいようにしている。

(2) 担当したお客さまには、「旅行のことは何でも相談に乗りますので、お気軽にご連絡ください」と言って名刺を渡している。

(3) 車いすの祖母と一緒に旅行をしたいというお客さまには、バリアフリーの宿や観光スポットを紹介している。

(4) お年寄りのグループ客には、高齢者は体力が心配なので、たくさん予定を詰め込まない方がよいと最初に言っている。

(5) お客さまが希望するツアーが満員の際には、他の同じようなツアーを調べて案内し、希望に添えるようにしている。

4 　中華料理店のホール主任藤島美津子は、お客さまアンケートで「スタッフの気遣いが足りない」というコメントを読んだ。そこで藤島は、接客スタッフを集めてお客さまに対する気遣いについて話し合った。次の中から不適当と思われるものを一つ選びなさい。

(1)　幼い子ども連れのお客さまには、気兼ねなく食事してもらえるように個室の利用を提案したらどうか。

(2)　調理に時間がかかるメニューを注文したお客さまには、およその出来上がり時間を伝え、待てるかどうかを事前に確認したらどうか。

(3)　お客さまの飲み物の減り具合に気を配り、残りが少なくなってきたら、「追加のお飲み物はいかがでしょうか」と声を掛けたらどうか。

(4)　「お酒はどれがいいか」と聞いてきたお客さまには、それぞれのメニューに合う酒を提案し、選びやすくしたらどうか。

(5)　閉店時間が近付いているのに食事が終わっても話し込んでいるお客さまには、テーブルの上を片付けて気付かせたらどうか。

5 　ホテルスタッフの古賀良太は新人に、「ホテルで働くにはどのような人が向いているのか」と聞かれた。次はそのとき古賀が答えたことである。中から不適当と思われるものを一つ選びなさい。

(1)　お客さまのわがままな要求にもできる限り応えないといけないので、忍耐力がある人が向いている。

(2)　お客さまに対する全てがサービスになるので、人に対する奉仕が苦にならない人が向いている。

(3)　理不尽なクレームを付けるお客さまにも感情的にならず、常に冷静に対応できる人が向いている。

(4)　お客さまの要望に対してすぐに対応できる行動力のある人が向いている。

(5)　ホテルの格はお客さまで決まるので、ホテルにとって好ましいお客さまを見極める力のある人が向いている。

6 次はデパートの食器売り場の新人神田梨沙が、日ごろ行っているお客さまに合わせた応対の仕方である。中から<u>不適当</u>と思われるものを一つ選びなさい。

(1) 商品を眺めて決めかねているお客さまには、「よろしければ手に取ってご覧くださいませ」と伝えている。

(2) 話しながら熱心に商品を選んでいる夫婦には、話し掛けないようにしている。

(3) お皿をじっくりと選んでいるお客さまには、商品の特徴を説明して自分の好みを話すようにしている。

(4) 贈り物用の湯飲みを選んでいるお客さまには、「贈り物用でしたら、こういったものもございます」と言って、類似の商品も紹介している。

(5) 商品をゆっくりと見ているお客さまには、「お手伝いできることはございますか」と声を掛けている。

7 次は用語とその意味の組み合わせである。中から<u>不適当</u>と思われるものを一つ選びなさい。

(1) 実印 ── 市区町村の役所に登録した、印鑑証明書を受け取れる印鑑

(2) 捨て印 ── 公正証書などで、訂正を考慮して欄外に押す印鑑

(3) 消印 ── 証書などの訂正をする際に用いる印鑑

(4) 割り印 ── 2枚の書類のまたがった位置に印を押すことで、それぞれの書類に関連があることを証する印鑑

(5) 認め印 ── 実印以外で日常的に使う印鑑

8 　ケーキ店の販売員坂田亜美はチーフから、「お客さまがまたこの店に来たいと思ってくれることをするのがサービスだ」と言われた。そこで坂田は、それはどのようなことかをスタッフ同士で話し合った。次の中から不適当と思われるものを一つ選びなさい。

(1)　記念日のケーキを注文したお客さまには、自由に記入できるメッセージカードを渡したらどうか。

(2)　雨の日に来店したお客さまが帰るときには、お客さまがドアを開けて傘を開くまで待ってから商品を渡したらどうか。

(3)　どのようなケーキか名前だけでは分かりづらいというお客さまの声に対して、それぞれのケーキの特徴を名前とともに表示したらどうか。

(4)　プレゼント用のケーキを注文したお客さまには、包装紙やリボンを選べるようにしたらどうか。

(5)　差し入れにするケーキが欲しいというお客さまには、差し入れは質より量だからと値段が安い焼き菓子の詰め合わせを勧めてはどうか。

9 　結婚式場のスタッフ藤原千夏は、打ち合わせ室の椅子の上に手袋を見付けた。どうやら先ほど結婚式の打ち合わせをしたお客さまの忘れ物らしい。このような場合、藤原はどのように対応すればよいか。中から不適当と思われるものを一つ選びなさい。

(1)　お客さまが近くにいる可能性があるので、いったん式場の中や出口付近を探してみる。

(2)　すぐに申込書にあるお客さまの携帯電話番号に連絡し、忘れ物を伝えて取りに来ることができるかどうかを確認する。

(3)　お客さまが取りに戻って来る可能性があるので、すぐに渡せるように保管しておく。

(4)　お客さまが別の場所で落としたと考えるかもしれないので、すぐに交番に届ける。

(5)　お客さまに連絡がつかない場合は次の来店時の担当スタッフに引き継ぎをし、確実に渡せるようにする。

10　次は、年中行事の名称とそのときに関係する食べ物の組み合わせである。中から<u>不適当</u>と思われるものを一つ選びなさい。

⑴　節分　　　　　　──　恵方巻

⑵　桃の節句　　　　──　蛤のお吸い物

⑶　端午の節句　　　──　菱餅

⑷　秋分の日　　　　──　おはぎ

⑸　冬至　　　　　　──　かぼちゃ

11　次は、商売に関することわざとその意味の組み合わせである。中から<u>不適当</u>と思われるものを一つ選びなさい。

⑴　損して得とれ　　　　──　一時的には損をしても、将来大きな利益になって返ってくると考えること

⑵　二足の草鞋を履く　　──　同時に二つの物事をしようとすると、二つとも成功しないこと

⑶　うだつが上がらない　──　いつまで経っても出世せず、生活が向上しないこと

⑷　猫の手も借りたい　　──　非常に忙しいため、誰でもよいから手伝いが欲しいこと

⑸　商いは門門　　　　　──　客を見て、それぞれに応じた品物を売るのが商売のこつであること

12　　次はデパートの靴売り場担当清水有紀子の、お客さまに対するセールストークである。中から<u>不適当</u>と思われるものを一つ選びなさい。

(1)　いろいろと迷っているお客さまに、靴は履いてみないと自分に合うサイズが分からないので、お気軽にお試しくださいと勧めた。

(2)　同じようなデザインのパンプスについて、どちらがよいかと聞いてきたお客さまに、どちらもすごくお似合いなので、後は履いてみて疲れない方がお薦めですと言った。

(3)　お薦めの靴はないかと言うお客さまに、好みがあるので今履いている靴と同じようなデザインが無難と言って薦めた。

(4)　着ている服と雰囲気が合うかどうか悩んでいるお客さまに、本日のお召し物とよくお似合いですよと言った。

(5)　気に入ったけど、いいお値段ねと言うお客さまに、こちらは職人が丁寧に作った本革の靴で、非常に丈夫で長く履けるので、履けば履くほどよさが分かっていただけると思いますと言った。

13　　次は、かばん専門店の販売員木下さつきがお客さまに言ったことである。中から**適当**と思われるものを一つ選びなさい。

(1)　「本日はどういったものをお探しになられているのでしょうか」

(2)　「お掛けになってお待ちいただけますでしょうか」

(3)　「こちらの色で大丈夫でしょうか」

(4)　「この商品は在庫がありません」

(5)　「お支払いは現金でよろしかったでしょうか」

14 次は高級ブランドの財布売場スタッフ山田雄太が、来店したお客さまに言ったことである。中から<u>不適当</u>と思われるものを一つ選びなさい。

(1) カードがたくさん入る大きめの財布がよいと言うお客さまに、「それでしたら、このラウンドファスナーの長財布はカードがたくさん入りますし、大きく広げて中も見やすいのでよいと思います」

(2) ショーケースを見ているお客さまに、「どのようなものをご希望でしょうか。よろしければお出しします」

(3) 大学生の娘の誕生日プレゼントにしたいと言うお客さまに、「そちらは最近若い女性に人気のデザインですのでお薦めです」

(4) どれも素敵で決められないと言うお客さまに、「どの財布もお金を入れることに変わりありませんので、とりあえずご予算で決めたらいかがでしょうか」

(5) 店頭に無い新作の財布が欲しいと言うお客さまに、「カタログでお選びいただければご予約できますが、ご覧になりますか」

15 次は美容院に勤務する青田弘樹が、予約をしないで来店したお客さまに言ったことである。中から<u>不適当</u>と思われるものを一つ選びなさい。

(1) 「予約の状況を確認し、ご案内できる時間を調べてまいります。少々お待ちくださいませ」

(2) 「申し訳ありませんが、ご予約のお客さまを優先してご案内しておりますので、すぐには対応いたしかねます」

(3) 「カットだけでしたら、すぐにご案内できる場合がございます。本日はどういったご希望でしょうか」

(4) 「3時からでしたらご案内できますが、お待ちになりますか」

(5) 「お待ちいただく間にヘアカタログをご覧になって、ご希望のヘアスタイルをご検討くださいませ」

16 次はフランス料理店のスタッフ北野由美が、コース料理を注文した女性団体客に食後のドリンクを出すときに言ったことである。中から不適当と思われるものを一つ選びなさい。

(1) 「お食事中、失礼いたします。そろそろドリンクをお持ちしてもよろしいでしょうか」

(2) 「ご歓談中、失礼いたします。ドリンクはいつ頃お持ちしましょうか」

(3) 「お取り込み中、失礼いたします。ドリンクのご用意をさせていただいてもよろしいでしょうか」

(4) 「おくつろぎのところ失礼いたします。次はドリンクですが、お持ちしてもよろしいでしょうか」

(5) 「お召し上がり中のところ失礼いたします。この後ドリンクをお出ししますので、お声掛けくださいませ」

17　ファミリーレストランのスタッフ田中拓哉は、お客さまから「隣のテーブルの子どもが大声で走り回って打ち合わせができない」と苦情を言われた。見ると、子連れグループの子どもが席を離れて遊んでいるが、母親たちは話に夢中で気付いていない様子である。このような場合、田中はどのように対応するのがよいか。次の中から<u>不適当</u>と思われるものを一つ選びなさい。

(1) 子連れグループの母親の一人に、子どもが走り回ると人とぶつかったり、熱い料理がかかったりして危険なので、テーブル席に戻るよう促してもらえないかと頼む。

(2) 苦情を言ってきたお客さまに、こちらで気付いて対応すべきなのに申し訳ないと詫びる。

(3) 苦情を言ってきたお客さまに、差し支えなければ別の席を用意するので、移ってもらえないかと頼む。

(4) 子連れグループの母親に、隣のお客さまから打ち合わせができないと苦情が出ているので、子どもを静かにさせてもらえないかと頼む。

(5) 子連れグループの空いた食器を片付けに行き、母親に子どもが楽しめるキッズスペースに近い席を勧める。

18　スポーツ用品店の販売員池田結衣はお客さまから、「母校の野球部に寄付するグローブを購入したいが、上書きはどのようにしたらよいか」と聞かれた。このような場合、池田はどのように答えるのがよいか。次の中から**適当**と思われるものを一つ選びなさい。

(1) 「志」

(2) 「贈呈」

(3) 「寿」

(4) 「内祝」

(5) 「御奉納」

19　文具店売り場スタッフの石川恵理子はお客さまから、祝儀袋の水引に「結び切り」と「ちょう結び」があるようだが、どのように使い分けるのかと聞かれた。次はそのときに石川が答えたことである。中から不適当と思われるものを一つ選びなさい。

(1)　長寿祝いには「結び切り」

(2)　開店祝いには「ちょう結び」

(3)　災害見舞いには「結び切り」

(4)　結婚祝いには「結び切り」

(5)　栄転祝いには「ちょう結び」

20　次は紳士服売り場担当高橋一樹が、金銭の授受で日ごろ心掛けていることである。中から不適当と思われるものを一つ選びなさい。

(1)　代金を伝えるときは、お客さまの顔を見ながらゆっくり言うようにしている。

(2)　会計で釣り銭が出た場合は、お客さまに分かるように数え、渡しながら「お確かめくださいませ」と言うようにしている。

(3)　お客さまから受け取った現金は、「○○円お預かりします」と言って金額を復唱している。

(4)　多額の釣り銭を渡す場合は先に紙幣を渡し、その後に硬貨を渡すようにしている。

(5)　釣り銭の紙幣を渡すときはキャッシュトレーは使わず、お客さまが見やすいように一枚ずつ丁寧に数えながら手渡すようにしている。

【記述問題】　Ⅳ　対人技能

21　次の言い方を、意味を変えずにお客さまに言う丁寧な言い方に直し
なさい。

(1)　「どのコースがいいか」
(2)　「待たせてすみません」

22　S旅行代理店のスタッフ市川恵理子は、先日来店したお客さま（山
田様）がキャンセル待ちをしていたツアーに欠員が出たので、早速電
話をしたところ不在であった。市川は明日改めて電話しようと考えた
が、このことをお客さまに知らせるために留守番電話にメッセージを
残すことにした。この場合の留守番電話に残す丁寧な言い方を答えな
さい。

【記述問題】　Ⅴ　実務技能

23　坂下優斗が勤務する AB ベーカリーでは、5 月 10 日の 2 号店オープンに当たり、「2 号店オープンキャンペーン」を行うことにした。内容は 5 月 10 日から 5 月 15 日までの期間、全品 2 割引で販売するということで、坂下はオーナーからこのことをお客さまに知らせる掲示文を作るようにと指示された。この場合の適切な掲示文を作成しなさい。

24　次は自動車販売店スタッフの花田美奈子が、来訪のお客さまにコーヒーを出している絵である。花田の様子を見て、①お客さまが不愉快そうな表情をしているのはなぜか。またこの場合、②花田はどのようにするのがよいか。それぞれ答えなさい。

サービス接遇検定予想模擬試験答案用紙

3級

①
準①
②
●

1【受験者氏名】(必ずカタカナでフリガナを付けてください)

	(姓)	(名)
カタカナ		
漢字		

2【試験場番号】

①	①	①	①	①
②	②	②	②	②
③	③	③	③	③
④	④	④	④	④
⑤	⑤	⑤	⑤	⑤
⑥	⑥	⑥	⑥	⑥
⑦	⑦	⑦	⑦	⑦
⑧	⑧	⑧	⑧	⑧
⑨	⑨	⑨	⑨	⑨
⓪	⓪	⓪	⓪	⓪

受験票を見て、正確に数字を記入してください。

3【受験番号】

①	①	①	①	①	①
②	②	②	②	②	②
③	③	③	③	③	③
④	④	④	④	④	④
⑤	⑤	⑤	⑤	⑤	⑤
⑥	⑥	⑥	⑥	⑥	⑥
⑦	⑦	⑦	⑦	⑦	⑦
⑧	⑧	⑧	⑧	⑧	⑧
⑨	⑨	⑨	⑨	⑨	⑨
⓪	⓪	⓪	⓪	⓪	⓪

4【年齢】

①	①
②	②
③	③
④	④
⑤	⑤
⑥	⑥
⑦	⑦
⑧	⑧
⑨	⑨
	⓪

数字を記入してください。

5【性別】

男	①
女	②

6【職業】

運輸・流通サービス	①
医療・福祉関係	②
ホテル・旅行関係	③
飲食・理美容関係	④
教育関係	⑤
高校生	⑥
専修・各種学校生	⑦
大学・短大生	⑧
その他	⑨

7【住所】

北海道	①	滋賀	㉕
青森	②	京都	㉖
岩手	③	大阪	㉗
宮城	④	兵庫	㉘
秋田	⑤	奈良	㉙
山形	⑥	和歌山	㉚
福島	⑦	鳥取	㉛
茨城	⑧	島根	㉜
栃木	⑨	岡山	㉝
群馬	⑩	広島	㉞
埼玉	⑪	山口	㉟
千葉	⑫	徳島	㊱
東京	⑬	香川	㊲
神奈川	⑭	愛媛	㊳
新潟	⑮	高知	㊴
富山	⑯	福岡	㊵
石川	⑰	佐賀	㊶
福井	⑱	長崎	㊷
山梨	⑲	熊本	㊸
長野	⑳	大分	㊹
岐阜	㉑	宮崎	㊺
静岡	㉒	鹿児島	㊻
愛知	㉓	沖縄	㊼
三重	㉔		

8【選択問題】

設問	解答欄				
1	①	②	③	④	⑤
2	①	②	③	④	⑤
3	①	②	③	④	⑤
4	①	②	③	④	⑤
5	①	②	③	④	⑤
6	①	②	③	④	⑤
7	①	②	③	④	⑤
8	①	②	③	④	⑤
9	①	②	③	④	⑤
10	①	②	③	④	⑤
11	①	②	③	④	⑤

一問題につき、二つ以上塗りつぶすと、不正解になります。

設問	解答欄				
12	①	②	③	④	⑤
13	①	②	③	④	⑤
14	①	②	③	④	⑤
15	①	②	③	④	⑤
16	①	②	③	④	⑤
17	①	②	③	④	⑤
18	①	②	③	④	⑤
19	①	②	③	④	⑤
20	①	②	③	④	⑤
21	①	②	③	④	⑤

注意

- この用紙は、直接コンピューターに読ませますので、汚したり折り曲げたりしないでください。
- マークの記入は、HBの黒鉛筆を使い、次の よい例 のようにマークを塗りつぶしてください。ボールペンは読み取れませんので、使用しないでください。 よい例 ● 悪い例 ⌀ Ⓥ
- 消しゴムで消すときは、鉛筆の黒い跡が残らないように、きちんと消してください。

9【記述問題】

IV 対人技能 `22`

(1)	a		b	
(2)	a		b	
	c			

IV 対人技能 `23`

V 実務技能 `24`

①「お客さまが不愉快そうな表情をしているのはなぜか」

②「上川はどのように渡すのがよいか」

(3級終わり)

サービス接遇検定予想模擬試験答案用紙

2級

①
漢①
●
③

1【受験者氏名】(必ずカタカナでフリガナを付けてください)

カタカナ	(姓)	(名)
漢字		

2【生年月日】

1.昭和　2.平成

年　　月　　日

3【試験場番号】

受験票を見て、正確に数字を記入してください。

① ① ① ① ①
② ② ② ② ②
③ ③ ③ ③ ③
④ ④ ④ ④ ④
⑤ ⑤ ⑤ ⑤ ⑤
⑥ ⑥ ⑥ ⑥ ⑥
⑦ ⑦ ⑦ ⑦ ⑦
⑧ ⑧ ⑧ ⑧ ⑧
⑨ ⑨ ⑨ ⑨ ⑨

4【受験番号】

① ① ① ① ① ①
② ② ② ② ② ②
③ ③ ③ ③ ③ ③
④ ④ ④ ④ ④ ④
⑤ ⑤ ⑤ ⑤ ⑤ ⑤
⑥ ⑥ ⑥ ⑥ ⑥ ⑥
⑦ ⑦ ⑦ ⑦ ⑦ ⑦
⑧ ⑧ ⑧ ⑧ ⑧ ⑧
⑨ ⑨ ⑨ ⑨ ⑨ ⑨

5【年齢】

数字を記入してください。

① ①
② ②
③ ③
④ ④
⑤ ⑤
⑥ ⑥
⑦ ⑦
⑧ ⑧
⑨ ⑨

6【性別】

男	①
女	②

7【職業】

運輸・流通サービス	①
医療・福祉関係	②
ホテル・旅行関係	③
飲食・理美容関係	④
教育関係	⑤
高校生	⑥
専修・各種学校生	⑦
大学・短大生	⑧
その他	⑨

8【住所】

北海道	①	滋賀	㉕
青森	②	京都	㉖
岩手	③	大阪	㉗
宮城	④	兵庫	㉘
秋田	⑤	奈良	㉙
山形	⑥	和歌山	㉚
福島	⑦	鳥取	㉛
茨城	⑧	島根	㉜
栃木	⑨	岡山	㉝
群馬	⑩	広島	㉞
埼玉	⑪	山口	㉟
千葉	⑫	徳島	㊱
東京	⑬	香川	㊲
神奈川	⑭	愛媛	㊳
新潟	⑮	高知	㊴
富山	⑯	福岡	㊵
石川	⑰	佐賀	㊶
福井	⑱	長崎	㊷
山梨	⑲	熊本	㊸
長野	⑳	大分	㊹
岐阜	㉑	宮崎	㊺
静岡	㉒	鹿児島	㊻
愛知	㉓	沖縄	㊼
三重	㉔		

9【選択問題】

一問題につき、二つ以上塗りつぶすと、不正解になります。

設問	解答欄
1	① ② ③ ④ ⑤
2	① ② ③ ④ ⑤
3	① ② ③ ④ ⑤
4	① ② ③ ④ ⑤
5	① ② ③ ④ ⑤
6	① ② ③ ④ ⑤
7	① ② ③ ④ ⑤
8	① ② ③ ④ ⑤
9	① ② ③ ④ ⑤
10	① ② ③ ④ ⑤
11	① ② ③ ④ ⑤

設問	解答欄
12	① ② ③ ④ ⑤
13	① ② ③ ④ ⑤
14	① ② ③ ④ ⑤
15	① ② ③ ④ ⑤
16	① ② ③ ④ ⑤
17	① ② ③ ④ ⑤
18	① ② ③ ④ ⑤
19	① ② ③ ④ ⑤
20	① ② ③ ④ ⑤

注意
- この用紙は、直接コンピューターに読ませますので、汚したり折り曲げたりしないでください。
- マークの記入は、HB の黒鉛筆を使い、次の よい例 のようにマークを塗りつぶしてください。ボールペンは読み取れませんので、使用しないでください。　よい例 ●　悪い例 ⊘ Ⓥ ⦰ ⦰ ◎ ○
- 消しゴムで消すときは、鉛筆の黒い跡が残らないように、きちんと消してください。

10【記述問題】

IV 　対人技能　　21

(1)	
(2)	

IV 　対人技能　　22

V 　実務技能　　23

V 　実務技能　　24

①「お客さまが不愉快そうな表情をしているのはなぜか」

②「花田はどのようにするのがよいか」